Катерина Шпиллер

Я боюсь

Дневник моего страха

Астрель
Москва

УДК 821.161.1-94
ББК 84(2Рос=Рус)6-4
Ш83

Шпиллер, К.
Ш83 Я боюсь. Дневник моего страха. / Катерина Шпиллер. — М.: Астрель, 2012. — 352 с.

ISBN 978-5-271-39515-4 (ООО «Издательство Астрель»)

Эту книгу не стоит читать людям до 18 лет, потому что описанные в ней кошмары — не киношные ужастики, а то реальное страшное, что иногда появляется в нашей голове, когда собственный разум превращает нас в совершенно других людей. И без всякой мистики. Мы начинаем жить, как зомби, совершая поступки, которые не должны, не хотели совершать, но неведомая сила и собственное сознание делают с нами, что хотят. Это непростое чтение, только взрослые, пожалуй, могут без последствий для психического здоровья выдержать всю ту боль, о которой рассказывает автор. Страх — одна из самых сильных и мучительных эмоций. Что он может с нами сделать, как способен превратить человека почти в животное, загнанное, слабое, готовое к смерти, а потому покорное и раздавленное.

Можно ли побороть страх? Реально ли справиться с ним, когда он уже выбил почву из-под ног и заставил вас скрючиться от боли? Кто может спасти тогда, когда человек готов и хочет смерти, лишь бы кончилась эта боль?

Признаемся честно: нашей жизнью правит страх. А потому о нем надо говорить, писать и искать пути… сосуществования с ним. Ведь победить его невозможно.

Новая книга от автора бестселлера «Мама, не читай»!

УДК 821.161.1-94
ББК 84(2Рос=Рус)6-4

ISBN 978-5-271-39515-4 (ООО «Издательство Астрель»)

С огромной благодарностью к тем людям, которые поделились со мной своим сокровенным и разрешили использовать их воспоминания в этой книге

(Не рекомендуется для прочтения детям до 18 лет)

Нам нечего бояться, кроме страха.

Франклин Рузвельт

Я устала бояться. Каждый день, каждый час. Есть ли на планете Земля человек, которому страшно так же, как и мне? Не думаю... Уточню: речь не об опаске, не о беспокойстве, а о настоящем, изматывающем, вымучивающем и отнимающем все силы, животном, первобытном страхе: перед неизбежностью смерти, перед болью, перед возможностью потерять своих самых любимых людей.

Прежде я была убеждена, что вокруг меня нет никого, кто так же мучился бы, как я. А кому неведом страх, тот счастливейший человек! Люди! Как же я вам завидую!

Когда, почему я стала такой? Я давно задаю себе этот вопрос, ищу ответ в литературе, в научно-популярных изданиях по психологии и психиатрии. Ведь я понимаю, что таких страхов быть не должно, это не укладывается в норму. Я искала ответы на вопросы, когда писала свои первые книги, искала ответы в общениях с людьми, которые появились в моей жизни после опубликования этих книг.

И выяснилось, что на свете огромное количество таких же, навсегда испуганных, как я. Просто они в этом раньше публично не признавались. Точно так же, как долгие годы не признавалась я. Ведь это стыдно, по мнению многих людей, позорно, недостойно и вообще полная ерунда.

Вот об этой «ерунде» я и пишу эту книгу. И сразу хочу попросить тех, кому не знакомы подобные мучения, кто живет весело, радостно и позитивно (дай им бог и дальше так жить), но кто в силу этого не очень понимает незнакомую им боль, кого раздражают непонятные лично им страдания — пожалуйста, поставьте книжечку обратно и не берите больше в руки. У вас она не вызовет ничего, кроме раздражения, — ведь то, что не болит у вас, вообще болеть не может, понятное дело! Так зачем вам эти отрицательные эмоции из-за чужой «фигни»? Поберегите себя и свое беззаботное существование. А нам с моими товарищами по несчастью нужно о многом подумать и многое понять…

Первый естественный вопрос: отчего вообще возникают страхи, которые не дают жить и дышать? Психологи и психиатры уверяют (судя по горе прочитанной мной литературы на эту тему), что подавляющее большинство самых мучительных человеческих страхов тянется из детства, от травм, полученных в раннем возрасте. Большинство, но не все, разумеется. Человек, переживший какой-то сильный шок, уже будучи взрослым, вполне может «заработать» пожизненную фобию, страх перед чем-то или кем-то. К примеру, попавший в автомобильную катастрофу начинает бояться ездить на машине. Подвергшийся нападению преступника темной ночью начинает безумно бояться темных улиц и поздних вечеров…

Но в этой книге я говорю о самом распространенном, по мнению профессионалов, страхе — из детства. Страхе, оставшемся в душе на всю жизнь, навсегда…

Я встречала старательно бодрящихся людей, но снедаемых изнутри вечным страданием. Встречала совершенно сломленных женщин и мужчин, окончательно измученных постоянными паниками по различным поводам… Возможно, кто-то, считающий себя «крутым», просто никогда не признаётся в подобной боли. Кому-то нравится разыгрывать из себя циника-фаталиста, этакого Печорина — человек этого типа тоже ни за что не согласится выглядеть… трусом. Трусом? Да разве страх перед неминуемой бедой — это трусость? И вообще, неужели каждый, кто боится — трус? Или все-таки есть разница между мужчиной, пасующим перед хамом, и тем, у кого перехватывает горло от ужаса из-за дышащей в его лицо смерти? Даже если эта смерть — игра его воображения, неправильное восприятие происходящего, болезнь, в конце концов! Разве это трусость? Нет, трагедия!

Поверьте, Фомы неверующие, если уж вы до сих пор читаете и не выбросили эту книгу куда подальше, поверьте: такой страх — это ад. У каждого, как известно, он свой. А потому кошмары, не дающие нам, ушибленным страхом, не то что спокойно, а вообще хоть как-то жить, бывают очень разные, удивительные, причудливые, безумные, странные... Но всегда приносящие несчастье.

БРЕХНЯ О СЧАСТЛИВОМ ДЕТСТВЕ

Врачи и психологи утверждают, что в 99% случаев устойчивые страхи, фобии имеют свое происхождение в детстве страдающих ими людей.

Из научно-популярной литературы

Детство, детство,
Детство — это свет и радость,
Это — песни, это — дружба и мечты.
Детство, детство,
Детство — это краски радуг,
Детство, детство, детство — это я и ты!

Михаил Пляцковский

Страх — это не просто одна из эмоций. Страх — это то, что может совершенно изменить жизнь. Испоганить ее в хлам. Сделать человека навсегда больным. Изменить его отношение и к миру, и к людям. Не мной сказано, что страх управляет нашей жизнью, а ведь это истинная правда. Все люди чего-нибудь боятся: кто болезни, кто смерти, кто потери работы... Другое дело, что невыносимо бояться постоянно, невозможно жить, все время думая об этом! У человека, не больного страхом, срабатывает инстинкт самосохранения: он успешно учится задвигать волнения куда-нибудь подальше и поглубже в мозговые извилины и думать только о том, о чем необходимо размышлять в обыденной, каждодневной жизни, а также о приятном, полезном, вкусном и веселом. Таким образом, люди живут с тревогами, научаясь с ними сосуществовать, побеждать их и не отравлять ими каждое свое мгновение. К счастью, чаще всего это получается. Но не всегда и не у всех.

Когда-то на свет появились мы, такие неправильные, с раннего возраста очень впечатлительные, будто без кожи. С детства наши страхи были самыми опасными врагами, не дававшими нормально жить, дышать, радоваться жизни и быть счастливыми. Мы больны с самого рождения? Нет, то еще была не болезнь, а лишь предрасположенность, с которой можно было бороться.

Среди детей всегда есть счастливчики: их любящие родители показывают и рассказывают им, что мир не страшен, а красив и интересен, помогают не бояться или справляться со своими страхами. Малыши знают, что у них есть тыл, если хотите, «крыша», которая всегда за них, всегда спасет, поможет, спрячет, решит проблему. Это вовсе не отбивает самостоятельность, нет! Напротив, помогает деткам научиться храбро ре шать проблемы. Ведь они застрахованы, у них есть защита, значит, не страшно.

А у таких, как я... У меня не было тыла и защиты. Я росла, как испуганный, зашуганный зверек. Как всякий маленький, слабый и беззащитный (то есть без защиты), думала лишь о том, где спрятаться, в какую щель забиться, чтобы не нашли, не достали, не побили, не съели. А что еще я могла? Бороться? Силы не равны. И к тому же я никогда не знала, на чьей стороне будут те сильные, большие люди, от которых я была полностью зависима. А они почему-то требовали от меня взрослого поведения, самостоятельности, не давая при этом взамен уверенности в моей безопасности, не демонстрируя понимания моих страхов и не обеспечивая защиту от них.

Только став взрослой, я задумалась: почему так происходило? Почему мои родители легко бросили меня в пасть кошмаров и страхов? Неужели им меня не жалко было? Неужели они не боялись, что их дочь сломается и станет несчастной?

Мне понадобилось много лет, чтобы, наконец, понять их поведение. И еще немало времени, чтобы, познакомившись с изрядным количеством историй, похожих на мою, обобщить эти знания и сделать окончательный вывод о двух главных причинах подобного отношения мамы с папой к страданиям ребенка. Мое «открытие» оказалось банальным и обескураживающим.

Есть две причины подобного отношения к страданиям ребенка. Первая — это фантастическая, зашкаливающая глупость мамы с папой, происходящая от невежества и воинствующего мракобесия. Что такое это последнее? Это когда люди считают, что они все знают, достаточно образованы, жутко умны, зато вокруг них сплошные придурки, которые пытаются объяснить им то, чего не существует в принципе. Ведь мракобесы же об этом не знают, а раз так, то этого нет и быть не может. И с их точки зрения, не надо никого слушать, все равно они все знают лучше всех.

Представьте себе родителей, которые видят боль ребенка, понимают, что с ним творится, но не считают нужным вмешаться и помочь. Они рассуждают примерно так: он должен научиться жить в реальном мире, должен справляться с трудностями самостоятельно, должен быть сильным. Для этого его надо бросить в реку жизни или, как котенка, оставить посреди улицы — пускай выживает, тогда и станет сильным. Простая мысль о том, что необученный пловец может скорей всего никогда пловцом не станет, потому что утонет раньше, а котенок может вообще-то погибнуть под колесами первой же машины или его разорвут уличные собаки, да и мало ли что может погубить крохотное существо в незнакомом, опасном мире, в тупую, самодовольную башку отчего-то не приходит. Очевидно, не может достучаться до плохо развитого мозга.

Обратите внимание: у неумных родителей ребенок постоянно кому-то что-то должен — маме-папе, миру... Да ничего он не должен, господа хорошие! Это вы ему очень даже должны! Он, как это ни покажется вам удивительным и странным, ничего не знает о мире и жизни, он — практически чистый лист. Он может познавать свет только с помощью вашей науки и пока что только со страховкой ваших глаз, ушей, носа и т. д. А если вы бросаете его самостоятельно бороться с кошмарами, то он, фигурально выражаясь, слепнет от страха и перестает познавать, потому что начинает подчиняться одной цели: выжить, например, забившись в норку. Ему не до познания, у него включается главный инстинкт — самосохранения. Какая же может быть наука? Да, он научится находить окопы и укрытия, он научится (возможно!) уворачиваться от опасностей и вовремя «линять»... Это вы и называете «необходимой школой жизни»? А может быть, все-таки «выживания»? Но даже этому всему он научится, если выживет, не сломается, не заболеет или не превратится в озлобленного зверька.

Но что произойдет наверняка — радоваться жизни и быть счастливым он точно не научится. Никогда. Могу сказать о себе: большую часть жизни я не умела, не могла быть счастливой.

Причина вторая, банальная и грустная: равнодушие родителей, их нелюбовь к ребенку. Им просто-напросто плевать на его страдания, боль, их интересует все, что угодно, но не их маленький подопечный — работа, другие люди, водочка, книги, театры, рыбалка, автомобили, мода... До бесконечности можно перечислять то, что «интереснее» собственного малыша, важнее, значимее, весомее. Такие родители не замечают (не хотят замечать) трудности его взросления, его проблемы и вопросы. Он чаще мешает, чем интересует. А уж его страхи... «Да какие у него могут быть страхи, помилуйте? Живет на всем готовом, никаких проблем — голым не ходит, шмоток в два раза больше, чем было у меня в его возрасте, своя, вон, комната, музыка есть, записи всякие, компьютер с Интернетом и играми... Благополучен до безобразия, аж тошно! И еще жаловаться вздумал? Ну, мы ему расскажем о том, как ему хорошо живется! Мы ужо ему внушим, что он должен радоваться каждый день своему счастью».

Если бы взрослые знали, то есть помнили о том, как легко напугать ребенка, каким слабым и беззащитным он чувствует себя, как внимательно слушает каждое слово своих богов — родителей, то они, возможно, много бережнее относились бы к своим (да и к чужим!) детям, жалели бы их и следили за своими языками. Любое неосторожное слово может очень ранить и дико напугать ребенка! «Сдадим в детдом, отдам вон тому дяде, брошу навсегда за плохое поведение...» Для нас, взрослых, это всего лишь слова, несерьезные, пустые угрозы, а для детей — повод для ночных кошмаров и будущих страшных фобий. Вы ляпнули и забыли, а его мозг запомнил на всю жизнь.

Ну, про физические наказания детей я вообще говорить не хочу! Честное слово, приветствую в этих случаях средневековые казни — ударил ребенка, а тебе за это руку отрубят. Компания из Фемиды и Палача всегда будет сильней преступника на столько же, на сколько он, взрослый негодяй, сильней своего маленького забитого ребенка.

Детские страхи (из рассказов знакомых и друзей)

«Мама всегда пугала нас с братом тем, что сдаст в детдом. Он казался мне чем-то вроде детской тюрьмы. Конечно, я пугалась этой угрозы. Я в садик не ходила, сидела дома одна, под замком. И очень боялась, что чем-нибудь рассержу маму, и она отдаст меня в это страшное место».

«Я думаю, что дети, которых били, даже уже когда вырастают, как бы готовы к тому, что их снова будут бить. И не только родители. Кажется, ударить может любой, будто имеет на это право. А этот страх как

будто чувствуют другие люди, что ли. Меня в детстве, до седьмого класса, били много. «Изобьет ли меня кто-нибудь сегодня?» — теперь об этом я думаю постоянно... и, конечно, учусь избегать самих ситуаций, в которых меня могут избить. Теперь уже, став взрослой тетей, я знаю, как вести себя, чтобы никто даже не подумал руку на меня поднять. Ну, как бы всегда готова к драке. Внутренне. Я с этим живу. "Не расслабляться!» — это мой девиз".

«Я думаю, что страхи не сами по себе возникали. Сначала взрослые запугивали чем-то или кем-то, а потом появлялся страх и надолго застревал во мне. Я страшилась одиночества, но при этом не боялась ходить одна в лес. Я знала, как вернуться, поэтому и не было страшно. Мне в лесу всегда нравилось. Можно было бы — и сейчас уехала б в деревню, люди в городе меня не радуют... Конечно, поехала бы с любимым человеком, если бы он был. В любви осталась потребность преогромная. Уверена, что это все от недолюбви в детстве. Господи, какая я стала злая и нервная! Сама себя не люблю. Надеюсь на чудо...»

А мне мама говорила, что откажется от плохой дочки... Что ее дочка должна быть лучше всех, иначе... Дальше она многозначительно умолкала, а я леденела от ужаса, понимая, что не соответствую, а значит, мама может от меня отказаться. И будет совершенно права. Наверное, то был самый первый ужас, который я помню ровно столько, сколько помню себя. Я хочу верить, что если бы мама знала, как страшны для меня ее слова, возможно, она и не говорила бы так. Хотя, что уж теперь...

Если бы взрослые знали, то есть помнили о том, как легко навсегда не только напугать ребенка, но и выбить почву у него из-под ног на долгие годы, если не на всю жизнь, то, возможно, они внимательней были бы к своим словам? Нет? Или это такой способ самоутверждения? За счет маленьких и слабых? Наверное, бывает и так, и так... В любом случае, результат один и тот же. Детям не легче от того, что их родители просто глупы.

Детские страхи (из рассказов знакомых и друзей)

«До сих пор в ночных кошмарах присутствует сюжет, что я потеряла на прогулке младшую сестру (мне — двенадцать, ей — пять лет) и придется как-то объяснять это родителям. Странно, что в отношении собственной дочери такого страха нет. А еще есть страх занесенной для удара руки. Правда, по-

следние годы практически вместе со страхом поднимается удушливая ярость, застилающая чернотой глаза (это не художественное описание, а реально в глазах становится черно). Тут я уже начинаю бояться себя».

«Лупили меня, "чтоб человеком выросла"... Причиной могла быть невымытая вовремя посуда, не купленный в магазине продукт, плохо помытый пол и т. п.».

Когда я только взялась за тему «счастливого детства», то понятия не имела, что и по сей день детей лупят и, что самое отвратительное, не только в маргинальных семьях, а и в якобы благополучных и пристойных. Диплом о высшем образовании ничуть не отягощает руку, легко поднимающуюся на маленького человечка, зачастую за совершенно незначительные проступки, а то и просто, чтобы выместить свое поганое настроение или подчиниться собственному не менее поганому характеру. Вообще-то это манера холопской среды. Неужели гены крепостничества и крепостных предков так сильны?

Детям не просто больно: в них вбивают покорность, униженность и страх. Из них вырастают люди, всегда ожидающие боли и ударов. Могут ли они стать счастливыми?

Конечно, физическое насилие над детьми — это дожившее до наших дней дикарство, средневековье какое-то... Но вот какая штука... Меня не били. Тело осталось целым, а душа в незаживающих ранах и болезненных синяках. Со мной «расправились» иначе: есть такой безотказный прием — формирование чувства вины. Сделать это с впечатлительным ребенком проще простого! Нужно регулярно внушать ему, что он хуже других, глуп, бездарен и этим очень огорчает маму с папой. Мое чувство вины росло вместе с моим физическим ростом. С каждым годом — в восемь... десять... четырнадцать... семнадцать лет я все лучше усваивала, что такому ничтожеству, как я, лучше бы и не жить совсем, чтобы не огорчать родителей и не портить этот мир своим присутствием. Поэтому, думаю, у меня и не было шансов сохранить свою психику в целости и сохранности. У меня не хватило сил противостоять своим страхам и чувству вины, растущему день ото дня в течение всего долгого и несчастливого детства.

Теперь, после выхода моих книг «Мама, не читай» и «Дочка, не пиши» я знаю точно, что такое случилось не только со мной. Благодаря Интернету я получила сотни, нет, тысячи писем и комментариев к моим публикациям. Среди этих писем очень много (слишком много для нашего лучшего из подлунных миров!) исповедей таких же несчастных в детстве людей. Легче мне от этого стало? Не сказала бы. Да разве может полегчать от таких вот историй...

БУМАЖНЫЙ АД

Лучше ужасный конец, чем ужас без конца.

Фридрих Шиллер

Девочка хочет уйти из класса. Но пока нельзя! Она осталась одна, все уже убежали. Урок закончен, все уроки закончились, можно идти домой. Но девочка все еще сидит за партой и старательно делает вид, что не может закрыть портфель.

— Ну, ты скоро? — нетерпеливо кричит из коридора подружка.

— Да-да, сейчас, что-то замок заело! — дрожащим голосом отвечает девочка, чуть не плача: ей нужно всего секунд двадцать, всего-то! Но чтоб никто не увидел, чтоб никто... — Иди, я догоню тебя! — отчаянно кричит она подружке. Вот, наверное, та удивится! Почему это

вдруг не надо ее подождать? Чего это «иди»? Почему захотела потом догонять?

Девочка до крови закусила нижнюю губу: ну, каждый день одно и то же, одна и та же мука: придумать, как задержаться в классе. То у нее «шнурок развяжется», то «тетрадку забыла» (нет, «тетрадка» возникает тогда, когда надо вернуться в пустой уже класс.) И так каждый божий день... Устала. И от грязи устала. От грязи — в прямом смысле. Эти бумажки всегда грязные. И сами по себе — всегда какие-то серые, мятые, противные, так еще и на полу лежали. А по полу протопали пять раз за день тридцать пар ног в нечистой обуви. Фу...

Девочка услышала тяжелый вздох подруги и медленное цоканье ее каблучков. Пошла к лестнице... Наверное, ей уже надоел этот ежедневный спектакль. Она не могла не заметить! Но почему-то до сих пор ни разу ни о чем не спросила. Странно, конечно. Не могла же догадаться — об этом невозможно догадаться! Это же безумие!

«Бе-зу-ми-е, бе-зу-ми-е!» — стучало метрономом в мозгу девочки. Она все понимала, ей хотелось кричать, на лбу выступили капли пота... Но это было сильнее ее.

Ну вот, кажется, подруга отошла от двери, наконец-то! Девочка быстро нагнулась и порыскала взглядом по полу. Вот они! Она шустро схватила с полу две бумажки и сунула в карман фартука. Потом пошарила глазами вокруг пар-

ты... Вроде бы чисто... Ничего нет... А что это там такое беленькое? Не бумажка ли? А, нет, это кусочек мела... Ну, всё? Вроде бы да. Можно, наконец, идти? Можно, да? Можно идти? Да могу я наконец-то уйти?!!

Девочка выпрямилась и сделала неуверенный шаг в сторону двери, продолжая сканировать взглядом поверхность не очень чистого коричневого пола. Да, пол нечист и замусорен, но, кажется, бумажек больше не видать. Свободна! Можно идти домой.

Девочка подхватила тяжелый портфель и бросилась из класса. Из проклятой аудитории, одной из тех, что вымучивают ее каждый день по несколько раз. Каждый час помещение другое, уроки же проходят в разных местах. И после каждого урока такая вот пытка. Но после последнего, перед уходом домой — самая страшная. Ведь она уходит, совсем сегодня уходит, значит, надо максимально подчистить все за собой. Иначе неизвестно, как все может обернуться. А это очень страшно...

Девочке уже почти 14 лет. Девчонки-подружки заняты, помимо школы, всякими интересными делами: кокетничаньем с мальчиками, походами в кино, веселыми посиделками у кого-нибудь дома. У девочки нет на это ни времени, ни желания. Времени нет, ведь она отличница и должна приносить домой исключительно пятерки. Иначе родители ее просто не поймут. Плюс ненави-

стная музыкальная школа, которая невыносима еще и потому, что там тоже занятия, а значит, тоже классы, где также нельзя оставлять следов. Поэтому уйти оттуда — такая же проблема, как уйти из школы.

Словом, откуда возьмутся лишние часы, а главное, силы для интересной и веселой жизни? Не до того. Голова занята исключительно уроками, отметками и... подчисткой за собой.

Когда это началось? Не так уж давно и както внезапно. Однажды она вдруг вспомнила...

Дача. Они были еще совсем маленькими девочками — лет по девять-десять. И однажды одна из них написала непристойную записочку со стыдным желанием и закопала ее в землю. А другая девочка подглядела и потом выкопала эту записочку, прочитала ее и радостно рассказала всем подружкам. То-то смеху было, то-то хохоту! А та написавшая дурочка на долгие годы стала изгоем: над ней смеялись, про нее все время говорили какие-то гадости, ее не любили и не хотели с ней играть. Всего-то делов, как говорили местные жители на даче...

Но года через три почему-то вспомнилось. Девочка и так была очень тревожной и мнительной по характеру, боялась сверстников, их злости и нетерпимости. Тут еще этот вечный страх перед плохими оценками и маминым гневом. Дикий страх перед учителями и контрольными. Каждый день, каждый день...

Кроме того, у нее тоже была своя история — история Большой Ссоры с бойкотом. Это было так неприятно и даже страшно! Но тоже вроде как забылось. А тут вдруг сразу навалились все воспоминания: и о бойкоте, и о той дачной подружке с ее дурацкой запиской. И навалился дикий страх, даже ужас: а что, если бы она написала какую-то компрометирующую записку, потеряла ее, а кто-то нашел. Она не знает, что она написала, но наверняка что-то совершенно ужасное! Если из-за сущей дачной фигни ей бойкот объявили, если ту девочку за глупость подвергли многолетней обструкции, то что же ждет ее? Как минимум всеобщее презрение и ненависть. И как же тогда жить? Сверстники жестоки, у них злые шутки и злые глаза. Они безжалостны и непримиримы. Они ее изведут...

А что же она может такого написать? Бог его знает... Ведь бывает так, что человек не помнит, что делал... Ну, в том смысле, что забыл, о чем написал и зачем... Нет? Не бывает? А девочке казалось, что очень даже бывает. Вот она, к примеру, не может за себя поручиться! Вдруг что-то на нее нашло, и она просто забыла, как написала, к примеру, тоже какую-то непристойность или что-то еще более ужасное.

«Да что? — кричала сама на себя девочка. — Что такого я могла бы написать на какой-то дурацкой бумажке?»

«Довольно и обычной непристойности, чтобы тебе больше не было никакой жизни на этом свете», — отвечала она сама себе.

Но ведь она никогда не писала на бумажках никаких непристойностей! А кто поручится? Ты сама за себя поручишься? Нет...

Страх был ужасный. Он поселился где-то чуть выше пупка и принял форму свернувшегося в клубок ежика. С иглами, которые кололи изнутри очень больно и изранили ей все внутренности. Ежик постоянно ворочался и иногда покалывал острыми иголками ее то в сердце, то в желудок.

Нормальный человеческий инстинкт: в случае смертельной опасности искать выход и спасение. Как спасти себя от возможного кошмара, который виделся так явственно, будто уже когда-то существовал в реальности. Как же уберечься?

Если ты не вполне уверена в том, что ничего такого не делала, то есть не писала никаких компрометирующих записок, значит, нужно следить, чтобы из тебя — из карманов или из портфеля — ничего не выпало. В смысле, не вывалилось никакой бумажки. А если вдруг не дай бог, значит, нужно всегда за собой убирать, поднимать все бумажки, которые валяются вокруг. Ведь кто может поручиться, что вот та грязненькая бумажечка не выпала из твоей сумки? А ты просто не заметила... Лучше не рисковать, правда? Что стоит поднять ее и тихонько сунуть в карман, а потом в одиночестве проверить, что это такое? Да пустяки, поднять не трудно... Тут главное, чтобы никто не заметил, а то, что ж подумают-то?

Это оказалось самым трудным — сделать так, чтобы никто ничего не заметил. Девочка научилась изворачиваться всеми способами, все время делать вид, что у нее что-то упало («ну вот такая я криворукая, ха-ха-ха!»), или выжидать момент, когда все либо смотрят в другую сторону, либо уже уходят с этого места, и тогда нужно всего лишь задержаться на десять секунд.

А какое было блаженство, когда рядом никого не было вообще, когда девочка была в одиночестве и могла спокойно и кропотливо собирать все бумажки, которые попадались на ее пути!

Придя домой, девочка вытряхивала из сумки для сменной обуви, портфеля, карманов несметное количество грязных, мятых бумажек. Потом она их разворачивала, распрямляла и изучала. Надо ли говорить, что ни единого раза ничего компрометирующего девочку не было? Да и быть не могло. Одной частью своего сознания девочка это очень хорошо понимала, плакала и смеялась над собой, ругала себя на чем свет стоит, мысленно взывала ко всем богам на свете, чтобы они помогли ей избавиться от этого наваждения, от этого ужаса. Но другая часть сознания заставляла ее сомневаться в собственных поступках, в собственной памяти и вменяемости. И она подчинялась почему-то именно этой части сознания. Очевидно, потому что инстинкт самосохранения требовал ей «перебдеть», чтобы выжить и исключить малейшую возможность опасности. Предугадать. Предупредить. Чтобы жить.

Настоящим кошмаром были места, где намусорено. Бумажки, бумажки, вокруг одни бумажки. Когда девочка видела такое место, в ее мозгу зажигалась красная лампа и начинала орать сигнализация: туда нельзя! Остановись! Пройди мимо! Хорошо, если она была одна и могла обойти страшное место. Заранее уйти в сторону (ее опытный глаз издалека засекал небезопасные места на земле, белеющие страшными бумажками). А если она с подружками? Девочка низко опускала голову, сжималась в комочек, в карманах напрягала кулачки, стискивала зубы и терпела пытку. Ей хотелось закричать и броситься собирать все бумажки, упихивать их себе в карманы, прятать, прятать, прятать! При этом крича всем: не подходите, не читайте, не смотрите, пожалуйста!

Когда страшное место оставалось позади, девочка чувствовала, что вся покрылась холодным и липким потом, что ежик в животе немилосердно зашевелился, а ей надо, надо, надо вернуться и все-таки проверить — не было ли там чего-то опасного для нее? Ведь то же самое может сделать некто: поднять бумажки (из грязи, из луж), просто так, из любопытства, и почитать... От этой мысли девочка чуть не теряла сознание в ужасе. В общем, следующую пару часов она была вялой, слабой и совершенно больной. Потом чуточку отпускало... Ровно до следующей ситуации. А они, эти ситуации, возникали несколько раз на дню.

К вечеру девочка была совершенно выпотрошена, опустошена — и физически, и морально. Приходилось разрываться сразу на много страхов: оценки, строгая мама, злобная учительница, завтрашняя контрольная по математике... И еще одно ужасное: страх потерять что-то чужое. Например, в музыкалке им выдавали ноты, по которым разучивались пьесы. Для нот у девочки была специальная папка, в которой она носила эти самые ноты туда-сюда. И дома девочке нужно было по тридцать раз проверить, на месте ли чужие ноты, лежат ли они спокойно в нотной папке или она по дороге потеряла их? Девочка проверяла и успокаивалась. Почему она так боялась этого? Ведь она была уже не маленькая и анализировала свои чувства: отчего же такой страх? И понимала, что до смерти боится взрослых — маму, учителей... Ведь если она потеряет, то на нее будут орать дурниной все — и мама, и учителя. Те будут вопить, что она загубила чужое имущество, принадлежа-

щее музыкальной школе, то есть — государству, мама будет кричать, что с ней невозможно, она раззява, никто не теряет, а она, видишь ли, умудрилась.

А девочка не выносила крика. Если на нее орали, ей тут же хотелось умереть, так плохо ей становилось. Почему, зачем кричать? Почему все взрослые чуть что, так сразу орут? Но в том-то весь ужас и заключался, что в случае потери нот она на самом деле была бы жутко виновата, и любое наказание (не говоря уж о каком-то там крике) было бы оправдано и справедливо. А это и есть самое страшное. Ведь даже сама себе не найдешь оправданий и не сможешь хоть как-то попытаться защитить себя. Да, виновна. Да, заслуживаешь смертной казни. Все кричат, все тебя ненавидят. Поэтому страшно, очень страшно, что это может случиться.

Так вот, когда девочка ляжет спать, она... положит папку с нотами рядом со своей кроватью. Нет, не чтоб не пропало! А чтобы, пока не спится, а не спится иногда долго, можно было взять ее, не вставая с постели, и лишний разок заглянуть и убедиться, что все в порядке. И дальше вновь пытаться уснуть, успокоившись... на время.

Так что каждый вечер девочки был насыщен и даже перенасыщен эмоциями. Точнее, страхами и кошмарами. То и дело проскакивала невозможная мысль: а зачем так жить? Для чего вообще нужна жизнь, в которой беспрестанно мучаешься и боишься? Есть ли в этом какой-то смысл? Может, все так живут и так же скрывают свои страхи и дурацкие поступки, вроде собирания бумажек... Просто у кого что... А она такое вот ничтожество, что не может смириться с нормальным человеческим существованием — плохо ей, видите ли! Всем нормально, а ей плохо. Терпи, как все! Учись жить, не жалуясь на норму.

«Да разве ж я жалуюсь! — говорила девочка сама себе. — Мне просто больно. И я никак не могу с этим справиться. Да, пожалуй, я ничтожество...»

А может, это все-таки она такая уродка, в отличие от других хороших людей, и правильно боится всего этого, заслужила? И надо... как бы это сказать... отрабатывать, что ли, свою карму, свой грех... Какой грех? Да хотя бы грех «плохости», никудышности, ничтожности по сравнению со всеми другими людьми — взрослыми и сверстниками, отличниками и двоечниками, добрыми и злыми... В любом случае, они лучше и достойны спокойной жизни. А ты, деточка, нет. Рожей не вышла. Умом не вышла. Да ничем не вышла!

В комнате девочки был маленький стенной шкаф. Имелось в виду, что для одежды. Но реально он превратился в свалку для мелких ненужных вещей. Не девочкиных, разумеется, а всех домочадцев. Хотя, слава высшим силам, ненужной мелочи было совсем немного, и шкафчик *оставался почти пустым. Этакая не очень грязная помойка, в которой прямо на полу валялись сломанный будильник, коробка из-под обуви, набитая старыми, но не до конца «убитыми» расческами (мало ли что?), парочка поломанных зонтиков, порванное покрывало, совсем испорченные виниловые пластинки... Второй слой, что сверху первого — стопка перевязанных старых журналов, не представляющих никакого интереса, несколько пластиковых бутылей из-под болгарского шампуня (тоже может для чего-нибудь пригодиться!), ну и еще какая-то, не стоящая внимания мелочь. В общем, можно сказать, что шкафчик был почти пуст. Был... Вот уже несколько месяцев он заполнялся кое-чем важным и страшным. К счастью, девочкина семья крайне редко заглядывала сюда, вот уже больше года никто не открывал хлипкую фанерную дверку. А если бы открыл, то с удивлением обнаружил, что на верхнем слое полувыброшенных вещей выросла внушительная гора... мусора. Любой человек именно так оценил бы открывшуюся ему картину. В общем-то это и был мусор — бумажный. Огромная гора грязных мелких и более крупных, в основном скомканных в шуршащие комья бумажек. Белых, желтоватых, серых — словом, всех оттенков писчебумажного цвета.*

Каждый раз, приходя домой и проверив содержание бумажек, девочка бросалась к этому самому шкафчику и брезгливо вываливала в него

весь накопившийся за день бумажный вал, который приволокла из школы в карманах, в портфеле, в пенале... Руки ее дрожали, было абсолютное ощущение, что она прикасается к нечистотам, что от нее, как и от этой проклятой бумаги, смердит на всю квартиру. Потом девочка опрометью летела в ванную комнату и долго-долго мыла руки, как хирург, по несколько раз перемывая и изо всех сил натирая мылом ладони, до красноты, до боли.

Почему же девочка не выбрасывала всю эту гадость, убедившись в том, что ничего опасного для нее там нет? Почему, зачем это все?

Она боялась... боялась выбросить. Да, посмотрела. Да, прочитала. Ну и что? Если уж она не уверена в том, что точно может сказать, писала что-то или нет, то как же она может верить собственным глазам? Может, она что-то пропустила, может, не разглядела, а может, сразу же забыли? Уж лучше пусть весь этот хлам «живет» у нее дома, это единственная гарантия, что никто и никогда не сможет добраться до этих бумажек.

Однажды девочке стало совсем худо, она вдруг поняла, что не справляется с собой, что все это ужасно тяжело, непосильно, она безумно устала от этого шкафчика, один вид которого уже заставлял ее ежиться. Ведь она постоянно помнила, что скрывается за его фанерной дверкой. Видела, как растет бумажная гора, и плохо себе представляла, что будет делать, когда все пространство шкафа заполнится мусором и уже некуда станет складывать бумажки. А ведь выбросить все это она не сможет! Конечно, не сможет — тем более такое громадное количество! Вот это будет ужас, и пережить подобное невозможно! Лопнет сердце. Ежик изнутри разорвет все ее тело.

Поняв, что ситуация становится критической, девочка пришла к маме «сдаваться».

— Мама, я так боюсь... я не знаю, что мне делать... — холодными, онемевшими губами прошелестела девочка, подойдя к маме, которая читала книгу, сидя в своем любимом кресле.

— Что случилось? — беззлобно спросила мама. Она читала свой любимый английский детектив, а потому настроение у нее было очень даже неплохим.

— Дело в том, — с трудом продолжила девочка, чувствуя, что от стыда и страха сейчас вполне может рухнуть на пол и умереть, — что я... — И она, путаясь и заикаясь, тяжело дыша и чувствуя, что отвратительно потеет, поведала маме о многомесячном кошмаре. Мама слушала, глядя на нее задумчиво и как-то странно спокойно. Когда девочка умолкла, громко сглотнув ком и чуть не поперхнувшись, мама тяжело вздохнула и негромко произнесла:

— Ну, ты сама-то слышишь, какую чушь порешь? Вот со стороны себя послушай — что

ты такое говоришь? Чего боишься? Самой не смешно?

Девочка старательно закивала головой, как бы соглашаясь с мамой — ужасно смешно, мамочка! Хотя ей было совершенно не смешно... но она даже попыталась выдавить из себя какую-то улыбку.

— Ну, во-от, — удовлетворенно сказала мама. — Вслух проговорила и сама услышала всю глупость этого. Наплюй и забудь. Выбрось из головы и живи спокойно.

Мама попыталась снова вернуться к чтению.

— Мам... еще не все... — тихонько взмолилась девочка.

Мама вздохнула еще тяжелее и опять подняла глаза на дочь: она уже явно начинала раздражаться.

— Что еще?

— Пойдем в мою комнату...

Девочка подвела маму к шкафчику и дрожащей рукой открыла дверку. Она не смотрела внутрь, она смотрела на маму. Мамино выражение лица сделалось печальным и брезгливым. Правильно: она же увидела мусор.

— Что это? — тихо спросила мама.

— Ну... это они... бумажки... я их давно сюда складываю...

Мама помолчала несколько секунд, которые показались девочке парой часов, и сказала:

— Ну, это надо выбросить, конечно. Выбрось.

И ушла, больше не сказав ни слова.

Сначала девочке вроде как стало немножко легче: она все-таки поделилась бедой, и не с кем-нибудь, а с мамой. Но прошел этот день, и к ночи все вернулось на круги своя.

«Собственно, что изменилось? — начала копаться в своих мыслях девочка. — Мама сказала, что все это смешно. Что я должна посмеяться, плюнуть и забыть. Ну да, мама сказала... Но я все равно не могу этого сделать! Мне не смешно!!! Мне страшно! Выбросить? Как же я выброшу все это? А вдруг что-нибудь...»

Уже лежа в кровати, девочка заплакала в подушку, тихонько, чтобы никто не услышал. Второй раз с тем же самым она к маме уже не сунется, нет, это исключено. Она знает, что скажет мама:

«Мы уже это обсудили, сколько ж можно? Я тебе сказала, что это смешно, и велела выкинуть бумажки. Вот выбросила бы из шкафчика, оно и из головы бы само ушло!»

Какое простое и легкое решение! Но насколько легкое, настолько же и невыполнимое.

Мама не помогла. Не захотела? Впрочем, это уже не имеет никакого значения. Жить с этим и бороться придется в одиночку. Да какое там «бороться»! Страх уже давно полностью победил ее и парализовал волю. Она побеждена, и нет избавления.

Девочка привычным движением свесилась с кровати и взяла в руки нотную папку. Открыла ее, в третий или четвертый раз проверила, на месте ли все ноты, закрыла и положила обратно на пол. И вдруг ее пронзила страшная мысль...

Девочка вскочила и босыми ногами подбежала к окну. Ее колотило, как при высоченной температуре, зубы клацали, ежик оживился... Она ведь вечером перед сном проветривала комнату, окно было открыто. Значит, теоретически порывом ветра могло подхватить любую бумажку из комнаты на улицу. А у нее в тот момент еще не было прибрано на столе. То есть могли быть и бумажки... Господи, какой ужас, какой кошмар...

Девочка рывком открыла окно и свесилась вниз. Зимний холод тут же пробрал ее до костей, легко преодолев препятствие в виде тоненькой пижамки. Девочка напряженно вглядывалась в черноту асфальта под окнами. Они жили на девятом этаже... Да-да, определенно там что-то белеется! Определенно. Девочка захлопнула окошко и обессиленно опустилась на пол. Ну что ж, сейчас бежать, что ли? Нет, нереально, кто ж ей даст это сделать? Значит, нужно завтра утром, когда она пойдет в школу, не забыть и не пройти мимо этих белеющих бомб, этих мин замедленного действия. Не забыть!

Какое там забыть! Утром с первой секунды дурного ора будильника ее главная мысль была:

внизу, под окнами лежат бумажки, которые нужно поднять. И следует поторопиться, чтобы их не унес ветер или чтобы никто... нет, об этом лучше вообще не думать.

С этого дня у девочки появилась еще одна ежевечерняя головная боль: висеть из окна в темноте, высматривая на асфальте бумажки и, если они там есть, запоминать их месторасположение, чтобы утром поднять. Теперь она уже в школу приходила с несколькими или уж по крайней мере с одним бумажным комком. Чаще всего спрятанным в карман.

Шел день за днем, ничего не менялось. А, собственно, почему что-то должно было измениться? Разве что росла гора в стенном шкафчике. Мама ни разу не задала ни одного вопроса, в шкафчик явно не заглядывала... Ведь если бы заглядывала, то видела бы растущую гору и уж, наверное, не промолчала бы.

Несмотря на огромную работу по спасению себя, которую девочка проводила каждый день, страхи ее не уменьшались. Ей постоянно казалось, что она чего-то не заметила, где-то что-то пропустила или просто не успела, и разоблачение близко. Разоблачение чего? Но девочка больше не заморачивалась вопросом, писала она что-то предосудительное или не писала, было ли, не было... Это уже не имело никакого значения, потому что все равно бессмысленно себя уговаривать, насколько все происходящее глупо и нелепо. Ну да, глупо, ну да, нелепо, и она это понимает! Какой-то частью своего сознания... Но что это меняет? Разве это хоть на йоту помогает ей преодолеть, прекратить, победить? Она сдалась, она больше и не пыталась анализировать. Хотя где-то у нее внутри, недалеко от ежика, сидел абсолютно нормальный здравый смысл, который уже устал хохотать и плакать по поводу ее безумного поведения.

Безумного? Может, вот оно — главное слово? Но разве кто-то рядом принимает ее за безумную? Разве кто-то хоть раз крутил пальцем у виска или называл «ненормальной»? Нет же! К ней относятся, как к совершенно нормальному человеку — и в школе, и друзья, а самое главное — родители. К ней предъявляются такие же требования, как ко всем прочим. Ее не водят к врачам, не дают таблеток. Значит, никакого безумия нет и в помине! Она — нормальная. Значит, правда и то, что все так живут, просто у каждого свой «бзик». Но мучиться должны абсолютно все. И мучаются. Просто они сильные и цельные, мудрые и понимающие, а она — нытик и слабак, недостойный малейшего уважения, а уж тем более жалости. Наверное, тогда у мамы именно поэтому было такое брезгливое выражение лица. Мама думала: ну да, собирает бумажки, ну и собирала бы, никому не рассказывая, как все нормальные люди, так нет — жалу-

ется, ноет... Конечно, именно так, теперь это совершенно понятно...

Девочка очень устала. Устала от всего: от уроков, от необходимости постоянно думать об оценках, контрольных... Устала от постоянного недосыпа. А главное — смертельно устала от страха. Изматывающего, сжирающего ее изнутри на пару со злым ежиком. Девочка похудела, стала бледной до синевы, под глазами легли зеленоватые тени.

— Вегетососудистая дистония, определенно, — авторитетно сказала мама, когда девочка очередной раз попросила у нее таблетки от головной боли и тошноты. Тошнило каждое утро... — Это сосудики. У меня тоже всю жизнь так было. Да и большинство людей живет с этой клятой дистонией — куда от нее в современной жизни денешься. — Мама горестно вздохнула и сморщилась, потрогав девочке лоб. — Вот у меня тоже так голова болит! Просто сил нет.

Девочка молча приняла таблетки, запив их водой из-под крана. Наверное, у мамы тоже есть свои «бумажки», которые ее изводят. Неужели бедная мамочка так мучается вот уже много лет, она же не очень молодая, как она выдерживает? Интересно, какой у нее главный страх, какие у нее «бумажки»?

Девочка недолго размышляла над этим — у нее просто не было ни времени, ни сил думать еще о чем-нибудь, кроме своего наваждения. Ее заботы и главный страх перешибали любые новые мысли о любом предмете.

Так... Сделать уроки, подготовиться к контрольной по физике. Она завтра третьим уроком. Ох, лучше бы никогда не наступало это самое завтра! Еще нужно сегодня повторить Баха, потому что опять же завтра зачет в музыкалке. Училка ужасно злая ведьма, все время орет, визжит, как недорезанная свинья, и слюной плюется. Если девочка завалит зачет, училка потом будет орать минут десять без передышки, и все лицо девочки покроется капельками ее вонючей слюны. А потом дома мама скажет, что надо было лучше подготовиться, и подожмет губы... На самом деле вероятность того, что девочка завалит музыкальный зачет, ничтожна, но, как обычно, не думать об этом невозможно, она представляет себе исключительно такой вариант развития событий. Так с ней всегда: она готовится к самому худшему. Ее так научила мама:

«Всегда надо ожидать самого худшего. Всегда рассчитывать только на плохое. Тогда хорошее покажется еще более хорошим!»

Наверное, это очень мудро! Но и очень страшно: всегда ждать плохого. Девочка легко научилась придумывать все самые ужасные варианты финала любых ситуаций — воображение у нее всегда было сильным и творческим. Так что фантазировала до самых страшных деталей.

Практически никогда ничего страшного в реальности не происходило, все оставалось в воображении. Но мысленно девочка не раз переживала каждую ситуацию в самом плохом ее развитии. Поэтому пугалась, страдала и мучилась ничуть не меньше, чем если бы все действительно произошло так, как мнилось. Ее уже не радовал «счастливый финал», она бывала настолько измучена своими страхами, что было уже все равно — случилось, не случилось... Да и очень быстро пришло взрослое понимание: эта ситуация закончена, скоро-скоро придет следующая. И так до бесконечности... День сменяется днем, за контрольной по физике следует контрольная по математике, а потом экзамен по музыке, а уж бумажкам вокруг несть числа! Они не кончаются и, видимо, не кончатся в ее жизни никогда. Нельзя же отменить на Земле бумагу! Ха-ха!

Пусть никогда не наступит завтра! Пусть она сегодня вечером ляжет спать и не проснется утром. Какое это блаженство — уснуть навсегда! Ведь только во сне, в глубоком сне ее оставляет страх, приходят покой и расслабление... Во сне нет контрольных, музыкалки, бумажного мусора и маминого взгляда, полного вечного упрека. Сон, забвение — самое прекрасное, что может быть! Пусть она не проснется...

Наступал поздний вечер. Девочка уже повторила музыкальную пьесу. Не очень хорошо выходит, в быстрых местах путаются пальцы. А пу-

таются они потому, что у нее все время мерзнут руки! Они холодные, ледяные и при этом потные. Попробуй такими выдать технически чистую игру! Девочка разогревала руки, собирала их в кулачки, дула на них, терла ладони друг о друга. Не помогало... В общем, наверное, сыграет она завтра на «троечку». Ора не будет, но бубнеж о том, какая она нехорошая, что хреново подготовилась, недовольное цоканье языком и мамино качание головой — будут непременно.

Так, физика... Более-менее все понятно, задачки получаются. Но все равно — очень страшно! Девочка знает, что когда ей бывает вот так страшно, у нее как будто немножко отключается мозг. И она забывает даже то, что очень хорошо знает. Сидит такая тупая, пустая и трясется. Как двоечница. Впрочем, нет: она знает близко многих двоечников, они вовсе не трясутся. На удивление, они живут спокойно и спокойно получают свои «двойки». Просто со слоновьим спокойствием! Девочка каждый раз глаза вылупляет на них, когда эти ученицы-ученики невозмутимо возвращаются от доски с дневником, куда «закатана» очередная «пара». У девочки от одной мысли о красной цифре «2» в дневнике сводило живот — ежик начинал изо всех сил барахтаться, пихая ее лапами снизу вверх так, что аж тошнило... Ну, в общем, воображение было преотличным, одно видение «двойки» приводило девочку на грань обморока.

Ладно, дай бог, зная, что задачки у нее все-таки получаются, она на физике не потеряет от ужаса мозг и самообладание.

Предстояло самое страшное: лечь спать, совершив все положенные ритуалы, сто раз проверить нотную папку и повисеть в окне, высматривая белые комочки на асфальте.

Девочка надела пижаму, выключила люстру, предварительно щелкнув пипочку на лампе, что стояла на тумбочке возле кровати. Потом присела на краешек постели... У ее ног валялась нотная папка. Девочка тяжело вздохнула и уже во второй раз проверила наличие нот. Сколько еще раз сегодня предстоит ей это занятие? Кто ж знает?

И вдруг ее горло перехватил дикий удушающий спазм! Она аж схватилась за шею. Это было кошмарное ощущение горя от того, что она очень-очень одинока в этой страшной жизни. Ей приходится в одиночку сражаться с такими демонами, терпеть столько страха... А рядом — никого, кто хотя бы помог ей как-то... ну, к примеру, собирал бы бумажки вместе с ней, чтобы обезопасить ее... Хотя бы это... Или чтобы пожалел ее, просто погладил по голове и сказал что-то такое, что могло бы облегчить эту ее вечную борьбу.

Ах, ну как же! Ведь все живут так же, просто все могут, а она — нет. С какой стати ее кто-то должен жалеть и тем более помогать, если у всех таких же своих проблем выше крыши! Учись жить с этим, учись быть сильной и волевой, как ВСЕ люди. Как мама. Как подружки. Как одноклассники. Нет никакого одиночества! Есть твое неумение справиться с простыми вещами, твоя бездарность в умении жить и бороться с трудностями! Чай не грудничок, чтоб с тобой возились!

Девочка встала и прошаркала к окну. Сейчас будет холодно... Она распахнула створку. И тут... В комнату влетела стая снежинок. Они были белые и крупные, такие красивые! Сначала девочка даже засмеялась и попыталась поймать пушистых красоток, но через мгновение ее как ударило: они так похожи на малюсенькие бумажки! Как их много! Они крутятся, крутятся, летают, падают, тают... Боже, как они похожи на бумажки! А вдруг это бумажки и есть? Ой! Она же не уследила, может, у нее на письменном столе что-то лежало и теперь, подхваченное ветром, кружится в этом зимнем вальсе, рискуя вылететь наружу?

Девочка испуганно захлопнула окошко и через секунду в ужасе опять его распахнула: боже, а вдруг что-то уже летит, приближаясь к земле? Она резко перегнулась вниз и стала изо всех сил вглядываться в ночь, пытаясь в кружащемся белом отличить снежные хлопья от возможных бумажек. Ой-ой, как это трудно, это же невозможно! Сердце девочки билось, как ненормаль-

ное, ухало так, что, казалось, весь ее худенький организм содрогается от этих ударов. Било в ушах, било в горле, ежик, как злобный садист, калечил все ее внутренности своими страшными иглами и помогал им причинять ей боль всеми четырьмя лапами с когтями. Злобный, злобный ежик!

Вот что-то белое пролетело прямо перед ее носом! Девочка попыталась схватить это, но порыв ветра резко изменил направление этого неведомого белого... Оно рвануло вправо, а потом начало медленно падать вниз. Что же это было? Плохо видно, уже так темно, не разглядеть! Но похоже, это точно была скомканная бумажка! Очень похожая на ту, что она сегодня приволокла из школы. Разве она не бросила ее в шкаф? Ведь бросила же, точно бросила. Да и в бумажке было написано: «Ларка, сегодня выйдешь?» Кто такая Ларка и кто это писал, девочка не знала, но это не имело никакого значения. Текст безопасен, бумажка в шкафу. Но так ли это? А вдруг все не так, вдруг она просто забыла, что там на самом деле написано? Или не все увидела. Ну да, она же не переворачивала бумажку, не разглядывала ее со всех сторон. Да и насчет шкафчика... То ли бросила туда, то ли нет... Или это вообще не та бумажка...

Всегда надо готовиться к худшему. Всегда прорабатывать самый плохой исход любой ситуации. Значит, так, вот он, этот исход: на бу-

мажке на самом деле было написано... что-то ужасное, что компрометирует ее, девочку. В шкаф она ее бросить забыла, а сейчас порывом ветра эту бумажку унесло в окошко. Она упадет где-то не рядом с домом, не под окном, ветром ее унесет куда-то подальше, и девочка с утра не сможет ее найти и поднять. И ее найдет и непременно поднимет кто-то другой. Вот такой плохой исход. Можно ли допустить подобное? Нет. Потому что тогда случится самое страшное, что только может случиться. Про нее все узнают. Ее будут презирать и ненавидеть. Мама будет страдать и болеть из-за нее. И все на нее будут кричать. И смеяться. Смеяться и кричать. И ненавидеть. И презирать...

Девочка в отчаянии затрясла головой и даже тихонько заскулила от ужаса. Горячие слезы потекли по уже похолодевшим от уличного мороза щекам. Вон же она, эта чертова бумажка, совсем еще недалеко, этажа на два ниже! Вот она медленно-медленно парит вниз... Всего каких-то пару этажей и можно спасти ситуацию, ничего не случится, она все исправит, точнее, профилактирует. Да!

Девочка взгромоздилась на окно и свесила ноги вниз... Так просто поймать бумажку, какие-то жалкие два этажа! Даже меньше, вот отсюда видно, что меньше. Девочка протянула руку в сторону парящей бумажки и потянулась за ней... В следующее мгновение она уже летела, не выпуская из взгляда белый комок... Она засмеялась, когда коснулась его пальцами: это был снег! Огромный комок большущих снежинок, холодных и таких красивых! Какое облегчение! Это был снег...

Девочка летела и смеялась. Это был всего лишь снег!

* * *

Это почти не выдуманная история. Она произошла в реальности с одной несчастной девочкой много лет назад. Я рассказала ее, изменив и дополнив лишь некоторые детали, вспоминая собственный детский опыт.

Потом эту трагедию анализировали врачи, психиатры, которые разговаривали с родителями девочки. Мать рассказала им про шкафчик, показала бумажки... Она тоже хотела понять, что случилось.

Один доктор с удивлением спросил у нее:

— Как же вы могли не забить тревогу? Разве вы не видели, что у вашей дочери серьезные проблемы?

Женщина дернула плечом:

— Во-первых, у кого нынче нет всяких проблем-закидонов? Времена нервные, все задерганные. Надо уметь с этим справляться, жить... А во-вторых... Простите, но разве можно нашей психиатрии «сдавать» ребенка? Залечат до смерти, да и на всю жизнь клеймо...

— Что ж, на всю жизнь у вашей дочери клейма не будет, да. Как и самой жизни, — вздохнул доктор. — А ведь ей можно было помочь...

Мать опять дернула плечом: это не те слова, которые она хотела услышать! Ей нужны были другие виноватые — школа, учителя, общество... А тут «грязно» намекали, что будто бы виновата она. Нет, тогда пусть уж признают погибшую дочку психически больной, и в таком случае ее смерть будет «нормальным» исходом. Но почему же этот гнусный врач трындит, что можно было помочь?

Да-да, дорогие мои читатели, можно было! Этому помешали равнодушие и невежество вроде бы образованных родителей, которым нет и не может быть никаких оправданий. Глупость, мракобесие и нелюбовь к ребенку — отягчающие обстоятельства, а никак не смягчающие.

Конечно, девочка была уже серьезно нездорова! А случилась эта болезнь из-за непрекращающихся стрессов, которые измотали ее, истощили, искалечили психику. Детская психика весьма подвижна! Именно поэтому к детям следует относиться чрезвычайно бережно, как к хрупким драгоценным вазочкам... А люди подчас очень заботятся о дорогих безделушках, аккуратно стирают с них пыль, ужасно боятся разбить, всегда осторожно берут их в руки... а живого ребенка не берегут. А ведь детская психика еще более хрупкая вещь, чем саксонский фарфор или баккара, сломать ее не так уж и сложно. Почему-то многих взрослых это совершенно не волнует и не пугает. Может быть, потому что стоимость хрустального сокровища выражена во вполне конкретных цифрах, а жизнь и здоровье ребенка — величины относительные, для кого-то могут равняться нулю. Безусловно, у большинства родителей дети — бесценное сокровище. В таких семьях и не возникает проблем с заботой о психике ребенка. Ну, а есть и такие, для кого любая вещь в этом мире может быть гораздо дороже, чем какой-то там психологический комфорт детей. Любимые заклинания в таких случаях:

все так живут;

меня растили так же и ничего, жив;

нельзя потакать «страданиям» — пущай жизни учится;

и наконец: а что, у родителей время есть еще на всякий «хнык» дитяти реагировать? А кто о родителях подумает?

Кстати, о последнем аргументе. Если вырастет здоровый и счастливый ребенок, он очень даже подумает о своих престарелых родителях. А если нет? А если он вообще никогда не вырастет, как та девочка? Так что, за «счастливое» детство вполне можно схлопотать такую же «счастливую» старость.

Есть еще одна весьма «человеколюбивая» теория, как бы оправдывающая подобное отношение к детям. Она заключается в следующем: жизнь — борьба, так было от веку, выживает сильнейший. То есть происходит естественный отбор — слабый гибнет, туда ему и дорога. Выживать должны сильные, здоровые, это полезно для человечества, государства и нации. Ничего не напоминает? В мою голову сразу приходят две аналогии, по-моему, очевидные: Спарта и Третий рейх. Разве нет? Разве могут быть хоть какие-то аргументы, доказывающие, что «наша теория» совсем не такая, какая была «у них». Абсолютно такая же. Даже в деталях.

Не потому ли, что среди нас так много «добрых» сограждан, возникает один из самых мучительных страхов — боязнь людей?

Теперь я знаю точно: если подрастающий человек подхватил бациллу страха, и бацилла эта, не встретив препятствий и не отравившись никакими лекарствами, прижилась в нем, укоренилась, «прописалась» и «разжирела» в своей безнаказанности, постепенно начинает овладевать телом и управлять жизнью своего хозяина... Впрочем, нет: хозяйкой становится она — бацилла. Она растет и начинает множиться, производя на свет сотни и тысячи «бациллят», которые, в свою очередь, тоже с комфортом обживаются и становятся главными в несчастном организме их жертвы. И настает день, когда вся эта орава мелких тварей объединяется в одну мощную армию вредителей, на знамени которой самыми крупными прописными буквами выведено слово «СТРАХ». Страх вообще, страх как таковой, страх всего, страх неконкретный. Он становится чем-то вроде еще одного основополагающего человеческого чувства сверх наших пяти: шестым, а скорее, наипервейшим чувством.

Откуда я об этом знаю? Прежде всего, из собственного много-многолетнего опыта. Я знаю про страх все. Я пережила его от и до. Я жила с этим шестым чувством внутри себя десятилетиями. Я знаю, как он выглядит, чем пахнет, каковы признаки наступления его буянства и какие надо принять меры, чтобы в очередной раз спастись от смерти... И, простите за «гордыню», но это вовсе не тот страх, который здоровые люди запросто переносят и живут себе дальше спокойно.

Я выросла в семье, удивительно гармонично сочетавшей в себе два свойства: равнодушие и самодовольство. С одной стороны, была абсолютная «зацикленность» родителей на себе. Соответственно, нехватка сил, времени, желания обращать внимание на какие-то душевные проблемы детей. С другой стороны — некоторая умственная недоразвитость: самодовольное нежелание ничего знать о детской психике, психологическом комфорте в принципе и, в частности, в семье, о том, как это важно для ребенка. Для моих папы с мамой все это было китайским языком, высшей математикой (а они — гуманитарии), а стало быть, ничего не значащей ерундой.

Когда оба семейных свойства собрались воедино, естественным образом получилось, что родившаяся у таких родителей впечатлительная, эмоциональная дочь, не нарастившая защитную оболочку и живущая как бы без кожи, была обречена подхватить и невольно взрастить в себе эту жуткую бациллу страха. Так она (я) и росла, боясь всего на свете, шарахаясь от людей, трясясь перед экзаменами, постоянно опасаясь маминого гнева...

Со мной случилось то, что, видимо, должно было случиться: главной эмоцией, управляющей всей моей жизнью, стал страх. Не оставлявший меня с утра до вечера и во сне по ночам. По поводу, а иногда и без. Нет повода — значит, просто неопределимая смутная тревога гложет мой мозг, который лихорадочно пытается ее материализовать, найти ей причину или, точнее, повод, который и сделается основой страха. Ну, например, так: через месяц предстоит волнующее событие... Значит, стоит уже сейчас, заранее о нем подумать и попсиховать? Кстати, это свойство осталось у меня и по сей день: я не привыкла жить без ужаса перед грядущим, и когда этого нет, я будто теряюсь и начинаю лихорадочно искать еще почему-то не замеченную мной причину для паники. Ведь для меня не может быть, чтобы все было спокойно. Так не бывает, так не живут. Раз нет страха — нет жизни! В моем возрасте уже чрезвычайно трудно научиться чувствовать и думать по-другому. Даже с помощью врачей и лекарств...

Для формирования «человека несчастного» (это такая разновидность людей: есть человек разумный — гомо сапиенс, а есть человек несчастный — гомо мизерабилис) используется еще один безотказный прием: впечатывание в мозг ребенка чувства вины. Оно, это чувство, ощущение, на мой взгляд, является этакой изощренной разновидностью страха — перед самим собой. Самое простое дело — это сформировать у малыша чувство вины за его глупость («ничего не соображаешь!»), слабость («неужели нельзя чашку в руках удержать?!»), бездарность («а у Миши всегда пятерки по математике!») и неблагодарность («выбиваешься из сил, чтобы заработать, а ты туфли снашиваешь за полгода!»). И вот, в довесок к уже раздирающим изнутри страхам, у ребенка возникает представление о собственной никчемности. Слишком тяжелым становится этот груз для слабой детской души, может случиться беда — болезнь. Например, как в рассказанной истории...

Помню один свой мучительный страх... Такой странный, возможно, необычный (хотя теперь уже даже не знаю, насколько была «оригинальна» — слишком много накопилось у меня от разных людей историй страхов, которыми, как мне казалось, страдаю я одна).

Этот кошмар можно назвать так: страх из-за собственного отсутствия там, где я должна быть. Вот я заболеваю и не иду в школу. С раннего утра все хорошо: я как следует высыпаюсь (это большая радость!), встаю, завтракаю... Ближе к полудню начинается он, кошмар. Меня мучает то, что я сейчас не в классе, а там без меня что-то происходит. Что?

Во-первых, я не услышала объяснения нового материала, а потом не смогу его освоить самостоятельно. Или сегодня была какая-нибудь контрольная. У учительницы ко мне будут большие претензии за то, что я пропустила контрольную, и меня заставят ее отрабатывать после уроков, в одиночку. А если она по математике? Брррррр...

Во-вторых, меня нет среди одноклассников... Что-то может случиться... К примеру, девчонки станут обо мне сплетничать, злобничать и решат со мной не дружить. Хуже того — объявят бойкот. За что? Да ни за что! Но я боюсь.

В общем, к тому времени, когда подружки приходили домой из школы и можно было им позвонить, чтобы узнать домашние задания, я пребывала уже в полуобморочном состоянии от страха: у меня болело солнечное сплетение, руки-ноги были ледяными и мокрыми, подташнивало и немного трясло. Даже безо всякой температуры, она у меня могла вообще не повышаться. Кстати, когда я температурила, мне, представьте себе, становилось намного легче! Организму, очевидно, уже не хватало сил и на борьбу с болезнью, и на страх. Я просто лежала, маялась от жара и, к примеру, кашляла, но зато мне не было страшно... Но стоило болезни немного отступить, как тут же появлялся треклятый страх. И я уже едва досиживала дома до полного выздоровления от инфекции, мне не терпелось пойти в школу.

...Ха-ха, чтобы сменить один страх на множество других. Считается, что перемены весьма полезны для здоровья. Вот я и меняла время от времени страхи, «дири-дири-ямбель, как перчатки». Становилась ли я от этого здоровее? Ой, сомневаюсь...

СТРАХ ОСЛЕПЛЯЮЩИЙ: ЭКЗАМЕН

Иногда я зажмуриваюсь и трясу головой, чтобы отогнать от себя совершенно реальную картинку с настоящими запахами, звуками, со всеми теми ощущениями, что испытывала в давно минувший момент жизни... Слишком реально! Так, что даже страшно. Страшно? Да, это слово главное.

Казалось бы, что плохого в таком воспоминании... Самое начало лета, только что прошла сильная гроза, но уже неуверенно проглядывает солнышко. Молодая зелень кругом, слышится шорох тяжелых капель, падающих с листвы. И запах... Кто не знает этот сумасшедший запах в большом городе, в самом начале лета, после дождя? Запах мокрого асфальта, листвы после обильного душа, чуть-чуть пробивающийся аромат озона — черт его знает, что это за запах такой, от которого юному организму хочется скакать на одной ножке, верещать, как малому дитенку, прыгать, танцевать и носиться по лужам! Но я уже взрослая, мне аж 15—16—17 лет. Поэтому я глубоко вдыхаю запах летнего дождя, дергаю за веточку дерева, чтобы на меня пролились холодные капельки, аккуратно обхожу лужи, прислушиваюсь к удаляющимся раскатам грома и веду себя исключительно прилично, как подобает возрасту. Я улыбаюсь. Мне хорошо, мне свободно и легко. Если не задумываться...

...Если отрешиться, не помнить о том, что... ну, обо всем, что так терзает меня без перерыва. И не может перестать, я ничего не могу поделать до тех пор, пока... Пока... В общем, лучше бы у меня не было дома, не было семьи, не было... близких. Эта испуганная мысль пробегает по краю сознания, и я ее гоню, гоню нещадно! Но я никогда уже не поскачу на одной ножке, не буду прыгать, танцевать и носиться по лужам. И вовсе не потому, что я взрослая... Я даже улыбаться перестану... уже перестала. Поэтому щенячье чувство восторга от ароматов и видов после прошедшей летней грозы сумело продержаться во мне минуты три, не больше. А потом снова навалилось то, что гирями висит на моих ногах, не давая прыгать и танцевать, булыжником лежит на моих плечах, не давая распрямиться и заставляя постоянно сутулиться, что занимает весь мой мозг и замещает все иные чувства... Это страх. Вполне конкретный страх. Можно назвать его страхом экзаменов — формально так оно и есть. Но по существу — это страх перед матерью, перед семьей, перед отчим (в первую очередь, материным) домом.

Вспоминаю, как приходило ощущение легкости, когда я представляла себе, что мне не надо идти домой, видеть этот привычный быт, родителей, свою комнату, которая с некоторых пор перестала быть убежищем от опасного мира. Чего же я боюсь? Я боюсь экзаменов. Кому-то смешно? Начало лето в юности — это вечная пора подобных испытаний, которые превращают мою жизнь в ад. И снова я ставлю мысленный эксперимент: у меня нет дома и родителей, но меня ждут все те же экзамены... Страх остается, но он ощутимо уменьшается! Настолько, что я вполне могу начать напевать песенку и, подтанцовывая в такт, элегантно огибать лужи. Но это — мысль-мгновение. Через секунду я возвращаюсь в реальность и снова тупо пялюсь в асфальт, забывая даже удивиться чистоте воды в луже, где переливчато отражаются стоящая рядом многоэтажка и деревья.

Помню устный экзамен по русскому языку в восьмом классе. Мне вообще нечего было бояться, я была абсолютной отличницей по этому предмету всегда, и давался он мне так же легко, как уроки пения в начальной школе. Естественно, меня обожала наша учительница по русскому и литературе. И вот она увидела меня в то утро.

— Что с тобой? — ахнула она.

— Н-н-н-нич-ч-ч-чего, — едва слышно прошелестела я.

— Так, все понятно, — строго сказала она. — Будешь сидеть в классе и успокаиваться. Пока не успокоишься, не будешь сдавать.

Напрасно я тянула руку, чтобы меня уже вызвали тащить билет. У меня была одна мечта: побыстрей отстреляться. Но добрая учительница, видимо, из самых лучших побуждений, решила дать мне возможность прийти в себя и успокоиться. Думала, так будет лучше...

В общем, тянуть билет меня пригласили часа через полтора. Я ответила на «отлично». Но чего мне это стоило! После испытания я шла домой на заплетающихся ногах, держась за заборы, деревья — за все, за что можно было схватиться. Сил не было никаких, голова кружилась и дико болела, в глазах стояли слезы и туман. Я «пересидела» в своем кошмарном ожидании. Я истратила весь внутренний жизненный ресурс, который, возможно, отпущен мне был на пару недель, а то и больше.

Детские страхи
(из рассказов знакомых и друзей)

«Еще я боюсь учителей. Но я не постоянно их боюсь, а когда с ними сталкиваюсь. И школьных педагогов моих детей тоже боюсь, потому что они учителя. Мне даже самой

смешно. Я же взрослая, а, идя на родительское собрание, вся трясусь. Вот зимой даже не ходила. Тогда я не смогла победить страх, что меня будут ругать. Учителя — это вообще отдельная история. Почему они позволяют себе издеваться над ребенком так, как издевались надо мной? Почему унижают, насмехаются? Ради чего? Чтобы школьник лучше учился? Нет... это они находят беззащитного ребенка, за которого родители не заступаются и унижают слабого».

«Самый мой страшный страх — атомная война. А «по-мелочи»: темнота, подъезды и лифты (после того, как педофил напал), занесенная для удара рука (до сих пор), плохие отметки, неудача, перемены, змеи (ну, тут специфика места, где дача была, кто там вырос, на травку без опаски никогда не наступит)...»

Тот, кто не испытывал подобного, никогда не поймет, как это страшно: думать о том, что было бы лучше, легче жилось бы без родного дома, без самых вроде бы близких людей. С одной стороны, их любишь, очень любишь, а с другой — не хочешь, чтобы они были в твоей жизни. Не один раз в подростковом возрасте у меня возникали шальные мысли: а не бросить ли все на фиг и не уехать куда-нибудь подальше, начать жизнь с чистого листа, одной, самостоятельно? Совершенно явственно чувствовалось, что если порвать эту пуповину, прочь уйдет и страх. Но тут же приходили малодушные мысли: куда можно ехать из Москвы? Какой идиот сам, сознательно отсюда уезжает? Но главное: не причиню ли я таким поступком боль матери и отцу? Не спровоцирую ли очередной мамин сосудистый криз, тахикардию и все прочее, что с ней случается, когда я ее огорчаю? Нет, нет, нет, ничего не получится, придется покориться и жить дальше так, как сложилось. В вечном страхе.

Итак, каждое лето в начале июня я не видела белого света — в прямом смысле этого слова. Свет меркнет, небо становилось... а я не знаю, каким я его не видела! Я даже не замечала, какая стоит погода. Мне постоянно было холодно, меня трясло и колотило. Все время держалась повышенная температура, а иногда ужасно тошнило. Потом, очень потом, я узнаю, что это признаки настоящей болезни, которую необходимо было лечить. А нелеченая, она превратилась в хроническую, в тяжелой форме...

Мысли о самоубийстве и маме не оставляли меня ни на минуту. При чем тут мама? — спросит кто-то. Как это — при чем? У меня к тому времени уже выработался условный рефлекс: экзамен (зачет) — мамины поджатые губы и сведенные брови — неудача — приступ у мамы какой-нибудь болезни или констатация того факта, что я никуда не гожусь в этой жизни. Эта страшная и жутко болезненная цепочка преследовала меня, как змея, тащилась по мозгу, виделась в каждом углу, снилась по ночам...

В реальности я не завалила ни одного экзамена. Более того, за всю жизнь не получила ни одной тройки. Это ничего не меняло. Страх выбивал меня из жизни на время экзаменов в школе или институтских сессий, выбивал так, что я не знала толком, что происходит вокруг, о чем говорят люди (если они не обсуждали сессию, естественно), что я ем и ем ли вообще...

Утро экзамена в институте. Оно проходит, как в болезненном сне: все вокруг будто в тумане, дурнота, грозящая перейти в рвоту, холоднющие руки и стопы, ужасная потливость. Не помню, как умылась, ни о каком завтраке и речи быть не могло. Еду в транспорте, не замечая людей. Тупо пялюсь в крохотную дырочку в морозном узоре окна автобуса. Холодно, смертельно холодно. А ведь я вроде как оделась по погоде...

В институте я начинаю глохнуть от ужаса: окружающий шум становится тише и превращается в странный гул на одной и той же ноте. Поднимаюсь на тот этаж, где расположена моя Голгофа. Стою рядом с однокурсниками, они что-то говорят — я не слышу, меня трясет, перед глазами туман... Я могу долго рассказывать про это состояние, но зачем? Кто мучился так же, уже все понял и от ужасного воспоминания поежился. Кто не испытал — вряд ли поверит, а кто-то будет глумиться и издеваться.

Самое печальное в этой истории то, что вся молодая жизнь, которая должна была быть прекрасной и удивительной, оказалась подчинена этому страху. Он никуда не уходил и между экзаменами: в школе появлялся во время любых контрольных, в институте — на каждом семинаре.

...Мама. Ее глаза. Скорбная складка у рта. Вот она кусает губы, и взгляд делается несчастным. Это все из-за меня. Ей не нужна такая дочь. Лучше бы у нее не было такой дочери. Мама! Лучше бы тебя у меня не было! Ты напугала меня на всю жизнь, отравила мне детство и юность. Я не помню радостей этого времени. Я помню только страх перед учебой. И это я — «хроническая» отличница. Может, надо было стать двоечницей, и тогда ты отказалась бы от меня? Эх, не сообразила я вовремя...

Расскажу, как в институте проходили сессии для меня. Мне было плохо, очень плохо. Как правило, в этот период я не сильно реагировала на происходящее вокруг, если оно не касалось зачетов-экзаменов. Плохо за собой следила, почти переставала причесываться, одевалась, не глядя, во что попало. Иногда, надевая какой-нибудь жуткий застиранный, в прошлом зеленый свитер, грубо заправляла его в синюю юбку так, что она бугрилась комьями на талии, а мне на это было чихать сто тысяч раз. Забывала ухаживать за ногтями, за время сессии я их просто сгрызала под корень. Словом, выглядела так, будто сбежала из ближайшего приюта для бомжей. Наверное, именно так и смотрелась... Но помню плохо...

А училась я всегда очень хорошо. Очень. Но ушла из института, не в силах терпеть эти адовы муки, особенно во время сессии, дважды в год. Это было невыносимо! Мне не помогали никакие успокоительные. Я по-настоящему болела с температурой, давлением, тошнотой-рвотой и прочими «прелестными» симптомами, по которым ни один терапевт ничего не мог ни понять, ни определить. Они лишь разводили руками и писали в зависимости от времени года — или ОРЗ, или вегетососудистый криз. Для ОРЗ годилась температура, для ВСД — давление. «У дядюшки Якова товару всякого». Рвота вызывала у докторов радостное подозрение на беременность, но я всякий раз их разочаровывала, объясняя, что, несмотря на наличие мужа, подобная вещь исключена категорически.

Когда я говорила кому-то из родных-близких о том, что мне очень-очень плохо от страха, в ответ неизменно слышала: волнуются всегда и все, так что возьми себя в руки. Мне, как и прежде, становилось безумно стыдно! Я думала о своих сокурсниках... Неужели им так же плохо, как и мне? Но почему же в таком случае они прямо перед самым экзаменом, сидя или стоя около двери в аудиторию, могут травить анекдоты и байки, хихикать и строить планы про «пойти вечером в кабак и оттянуться»? А некоторые девочки доставали зеркальца и начинали причесываться, подкрашивать губы... И руки у них при этом не тряслись. Что-то непостижимое для меня! Я не была в такие минуты способна ни на что. Мне лишь хотелось закричать громко-громко что-то вроде: «Помогите! Спасите! Мне страшно!»

Но раз мне говорят, что все так же, как и я, психуют, значит — это опять моя ничтожность, никчемность, мое уродство. Вот как успешно люди справляются со своим ужасом, даже не подумаешь со стороны! А я... Жалкое, отвратительное зрелище!

Когда я ушла из института, будучи почти абсолютной отличницей, мама мне сказала: «Ты просто лентяйка. Тебе лень учиться». Это ж надо так не знать свою собственную дочь! Вот уж лентяйкой я никогда не была. Но мне уже было наплевать, что думает обо мне мама. Инстинкт самосохранения был сильнее любого другого чувства, а я понимала, что если не уйду из института, не прекращу эту пытку сессиями, то однажды не выдержу. И шагну в окно с нашего десятого этажа. Я никогда никому этого не говорила, не пыталась никого «шантажировать» своим страхом, как могут подумать некоторые злобные читатели... Я молчала об этом. И просто спасала себя сама, спасалась, как могла, как умела. Я же была в полном одиночестве в своем кошмаре...

Когда же мне перестанут сниться экзамены? В старости? И даже лекарства не помогают. Примерно раз в неделю во сне я сдаю экзамен, и это всегда самая тяжелая ночь недели. Иногда снится период перед экзаменами, будто я опять в том юном возрасте, мне страшно и плохо. Рядом родители, и я умоляю их чуть не на коленях помочь мне. Но они, как и тогда, в реальности, воротят носы и фыркают. Меня начинает трясти, я рыдаю...

А иногда я уже на экзамене, тяну билет, сажусь за стол и с ужасом понимаю, что не знаю ничего вообще. Меня охватывает паника, и я думаю, ну почему я по сей день должна сдавать эти экзамены? Ведь столько лет прошло, у меня уже дочь выросла. За что? Почему?

Один психолог объяснил мне: это происходит потому, что я не смогла преодолеть тот страх, он так и остался победителем. Возможно... Очевидно, я обречена на эти сны до самой пенсии. Забавно! Согбенная старушка будет во сне со страхом тянуть билет и, поправляя выпадающую от волнения вставную челюсть, пытаться ответить на экзаменационный вопрос.

Детские страхи (из рассказов знакомых и друзей)

«...Страх перед чужой рвотой — не могу видеть, до ужаса, до потери сознания... Это преследует меня везде: на улице, в транспорте... Стоит человеку закашлять, и я уже начинаю «стекать по стенке», вижу пьяного, или беременную, или просто кашляющего человека — перехожу, нет, перебегаю на другую сторону улицы, и плевать, что это может быть большой проспект — я уже просто не контролирую себя. Даже дома вечно боюсь, что муж чем-то отравится, боюсь нормально засыпать — а вдруг его вырвет? А вдруг моей кошке плохо? Боюсь нормально просыпаться — а вдруг кому-то плохо утром?

Никогда не смогу помочь человеку, когда его тошнит, никогда. Более того, ужасно боюсь, а вдруг кому-нибудь станет плохо как-то по-другому, но это приведет к рвоте? Причем я не могу на это смотреть нигде: ни в жизни, ни на экране (и почему так часто показывають, как кого-то тошнит и рвет). Я не могу видеть даже «блюющий смайлик» в компьютере.

Все это меня умучивает и очень сужает мой круг общения. Часто людей укачивает в машине: для меня это конец — я уже с ними никуда не поеду, а если поездку невозможно отменить, то всю дорогу мучаю попутчиков во-

просами: «Тебе не плохо? Не тошнит?» Один раз мужа в пробках укачало, я еле дожила до конечной точки, у меня потом еще час руки дрожали. Что ж говорить об общественном транспорте... Да я лучше пешком пойду через всю Москву, чем поеду рядом с пассажиром, которого тошнит.

Я почему-то думаю, что подобным страхом заражены многие, и поэтому всегда скрываю собственную тошноту. Я доползу до укромного места, но никому не позволю это увидеть.

Откуда взялся этот страх? Это с детства: меня мама била за то, что я смотрю на папу, когда ему плохо бывало после пьянки или после самолета. Она меня даже не била, она меня избивала, за волосы таскала, и вот это ее «Не смотри! Не смей смотреть, убью!» до сих пор во мне живет.

Да, когда я стала взрослой, мы с ней обсуждали это, и мама говорила, что просто хотела меня уберечь от жуткой картины валяющегося в собственной блевотине отца. Но вот перестаралась чуток, и это реально испортило мою жизнь.

Умом я понимаю, что бояться нечего, что ничего страшного не будет, но... Я даже пыталась рисовать свой страх, заставляла себя смотреть в фильмах соответствующие сцены, но эти жалкие попытки ни к чему не привели».

ПЕРВАЯ ПОПЫТКА ДВАДЦАТЬ ЛЕТ НАЗАД...

Страх всегда был и будет самым верным средством обмана и порабощения людей.
П. А. Гольбах

Когда мы собирались уезжать в Израиль, я перебирала свои архивы, до которых не доходили руки уже много лет... И с удивлением обнаружила нечто типа дневника, отпечатанного на машинке, совсем небольшого, немножко даже беллетризованного. Это было в 90—91 годах, боже ж мой! Для чего я писала это? Для кого? Ведь никак и никогда не использовала и даже забыла! А документик оказался весьма любопытным и полезным. Кто знает, может, если бы я вовремя показала его своему врачу, то она многое поняла бы обо мне сразу, без моих сбивчивых рассказов сквозь слезы. Но я напрочь забыла про эту рукопись. И обнаружила ее лишь перед отъездом.

Пришлось набивать текст в комп... Забытое занятие! Но ведь тогда никаких компов в нашем домашнем обиходе еще не было. Машинописные странички стали серо-желтыми, текст виден плохо, а потому даже о сканировании не было речи. Итак, я перечитала, перепечатала и, благодаря этому, многое осмыслила заново.

ЭЙ, КТО-НИБУДЬ, ДАЙТЕ РУКУ, или ЖИЗНЬ СРЕДИ ПРИЗРАКОВ

Свято место пусто не бывает.
Пословица

При моей лени все-таки начать писать — подвиг. Шучу... Мне кажется, это последняя и единственная возможность, во-первых, разложить по полочкам в моем воспаленном мозгу все то, что я за долгий период перечувствовала и передумала, к чему пришла и во что тупо уперлась; во-вторых, это моя последняя надежда найти руку... Понятно будет потом.

Я долго думала, с чего начать. И в этих своих размышлениях-воспоминаниях шла назад все дальше и дальше. Где же оно, начало? Что достойно быть им? Наверное, болезнь...

БОЛЕЗНЬ

Два с лишним года назад я заболела. Неизвестно чем, непонятно никому. При воспоминании о количестве выпитых таблеток меня и сейчас начинает тошнить. По-моему, врачи просто экспериментировали на мне за мои же деньги: а сколько человек может выжрать химии и не отбросить тапочки? Кстати, я догадываюсь, почему я заболела, точнее, что послужило толчком. Но если говорить и об этом, то надо идти еще дальше назад, чего не хочется, тем более что это уже не имеет абсолютно никакого значения.

Итак, я болею. Дочери год. Что это была за болезнь? Что мне плохо, не понимали даже близкие люди. По-моему, для некоторых я больше года валяла дурака.

Вот как это бывало... Раннее утро. Я внезапно просыпаюсь, как от толчка: «А!» Сердце бешено колотится в груди, ушах, животе, пятках. Начинается и медленно увеличивается боль в солнечном сплетении. Это особая боль — несильная, но выкручивающая, выламывающая, какая-то издевательская. Когда говорят про ломку наркоманов, мне кажется, они испытывают нечто подобное, хотя сама я наркотики ни разу не пробовала. После начала боли появляется тошнота... И при этом всем в душе страх-ужас-отчаяние.

Просыпается малышка, зовет. Я доползаю до нее, кормлю, одеваю, сажаю в манеж и со стоном падаю на кровать, чтоб хотя бы на час забыться после 10—12 выпитых таблеток, без которых я бы вообще не смогла подняться... Эти таблетки мне вовсе не врач выписывал, это я сама себя пыталась привести в норму. А потому: одна таблетка — от боли, другая — от тошноты, третья — от страха (транквилизатор), четвертая — от напряжения мышц (ношпа), пятая — от сильнейшей тахикардии... Где-то через полчаса некоторые лекарства приходилось принимать снова, потому что не было облегчения. Таким образом, количество выпитых таблеток иногда и доходило до 10—12 штук. Но я обязана была привести себя хоть в какой-то порядок! У меня на руках была крохотная дочка, за которой нужно было ухаживать каждую минуту.

Бывали дни, когда я не могла встать вообще — ноги не держали (как хорошо, что могу писать об этом в прошедшем времени, тьфу-тьфу-тьфу!). Когда становилось совсем невмоготу, я вызывала кого-то из близких. Ох, и ненавидели же они меня за это! Вроде и любили, и жалели, и помогали, и ненавидели. Да я и сама себя не выносила. Так продолжалось в течение года.

БОГ

Нет, тогда еще не было четких и ясных мыслей о Боге. Были мысли о жизни и смерти. Зачем же я живу, кому это надо? Всем только плохо, и прежде всего мне самой. Дочь? А на хрена, извините, ей такая мать — беспомощная развалюха? До сих пор не знаю, что удержало меня тогда от последнего шага. Хотя, откровенно говоря, тогда я еще не была так близка к последней черте, как это случилось несколько позже. Несмотря на физическую немощь, во мне еще жила какая-то внутренняя сила, и жизнь моя шла пока среди людей, а не призраков. Я еще не крестилась, церковь в нашей семье не была необходимостью, но мысли о связи моей болезни с Богом и его противоположностью у меня стали возникать...

МАМА

— Ты должна взять себя в руки. Ты ничем не больна! Внуши себе это! Нельзя так распускаться! Кроме тебя, самой тебе никто не поможет!

Святая мамина вера в силу человека, его духа. В чем-то это результат советского воспитания, идеологической мифологии. А в чем-то свойственное русской интеллигенции фанатичное следование кумирам и слепая вера в них. Мама тог-

да была под большим влиянием Солженицына. Если кумир сказал: «Не верь, не бойся, не проси», значит так и надо жить. Всем!!! Никогда не просить, не жаловаться. Интересно, что при этом такие люди, как мама, всегда помогают встречным и поперечным — и материально, и морально, и как только могут, но ежели родной ребенок вдруг поднял лапки и сказал: «Сдаюсь!» — это все. Гроздья гнева! Полное непонимание: «Ты же моя дочь! Ты же умная!» Это приговор.

МУЖ

— Что я могу для тебя сделать?

— Не знаю. Помоги мне...

— Я не понимаю, чем ты больна. Что у тебя конкретно болит.

— Ну вот здесь что-то...

— Что, желудок?

— Да нет, не то...

— Я не понимаю...

* * *

Прервусь. Отложу в сторону. Вспомню...

Да, теперь, спустя более чем двадцать лет, понимаю, что прошла в одиночку тяжелейший путь борьбы с болезнью, имени которой у нас никто тогда не знал. А это была уже и депрессия, и огромное тревожное расстройство. Хорошему врачу не понадобилось бы много времени для постановки диагноза, но где они были, хорошие врачи? И разве приходило хоть кому-то в голову предложить мне пойти к доктору, если, по их мнению, я «валяла дурака»? Для близких все происходящее должно было быть несомненным сигналом того, что мне нужна помощь, что мне очень-очень плохо. Но такие уж у меня в семье были «близкие». Мою боль они близко к сердцу (да и к разуму) не принимали.

Однако сейчас я хочу рассказать о другом. В основе моей болезни, в ее основании, в самом фундаменте лежал дикий страх. С него нездоровье и началось, он и наметил началом долгий тяжкий путь в никуда. Это было то самое первобытное чувство, благодаря которому любые существа на земле могли выживать. Бояться надо было постоянно: быть бдительным, внимательным, напряженным и готовым к тому, что на тебя нападут. И напряженное ожидание чувства опасности было единственным способом вовремя среагировать и остаться целым. Именно это первобытное чувство захватило меня в плен с самого детства. Поскольку мне не надо было бояться нападения дикого голодного зверя, страх нашел другие причины и поводы не покидать меня никогда, тем более что поводы эти мне «заботливо» подкидывали самые близкие люди.

Не понимаете? Это элементарно, Ватсон! Когда с живым организмом постоянно происходит что-то не то, когда его слишком интенсивно эксплуатируют и «кантуют», заставляя постоянно пребывать в стрессе, он начинает «сбоить», быстро изнашиваться, а какие-то его детали вообще летят в тартарары к чертовой матери. Попробуйте любую машину неправильно эксплуатировать, заставлять работать в неверном режиме, трясти и пинать почем зря, засовывать в механизмы гвозди, да при этом еще и не чинить, не приводить в порядок, никак о ней не заботиться. Долго прослужит? Дудки! А разве человек прочнее машины? Он ведь даже не из металла сделан, «настройка» его систем архисложная, тонкая, любое грубое вмешательство может легко повредить нормальное функционирование всего организма.

Постоянный стресс, непроходящий страх — еще какая нагрузка! Я не буду вдаваться в медицинские пояснения, я не врач, хотя для дилетанта весьма глубоко изучила вопрос. Но любой читатель может и сам, обратившись к Интернету, узнать и разобраться в том, как все это устроено и каким образом происходит ломка организма с помощью стресса — страха. Я лишь резюмирую: здоровье ребенка неумолимо разрушается, если он постоянно боится и нервничает. И очень жаль, что огромное количество взрослых людей этого либо не знают, либо ни за что не хотят с этим считаться. На мой взгляд, это сродни преступлению. Преступлению против будущего.

И вот оно наступило — мое будущее — после детства, проведенного в постоянном страхе. Я так и не разобралась в себе к 25 годам, не поняла, что нужно бежать к врачам, а не пытаться найти понимание среди «своих»: если уж не нашла его за все детство, то о чем говорить тогда, когда ты уже взрослая, живешь самостоятельно и у тебя есть дочь? Ты больна? Да ничем ты не больна, все с тобой о'кей, как и было всегда. Естественны бесконечно повторяемые мамины слова «возьми себя в руки». Непонимание мужа тоже понятно: откуда и что может знать дурно образованный, хоть и с инженерным дипломом, молодой мужчина, гражданин СССР, особенно про психику? Ха-ха-ха!

У меня даже нет к ним, темным моим родным людям, каких-то претензий по поводу их незнания, невежества и мракобесия — большинство жителей нашей страны отличалось тем же. Но отсутствие страха за дочь, жену, отсутствие жалости к ней — вот это уже серьезней. Собственно, это главное и есть... Адская смесь невежества и равнодушия.

Не найдя никакой поддержки и опоры у близких, не понимая, что страх сделал свое дело, и я уже больна, вполне естественно было появление в моем воспаленном мозгу размышлений о Боге. Может быть, многие люди приходят к Богу именно из-за отсутствия в своей жизни любви и медицинской помощи? Тогда чем меньше врачей и знаний, тем больше у церкви прихожан. Во всяком случае, все, что происходило дальше со мной, было обусловлено именно этими факторами.

Вернемся к чтению дневника.

ВСТРЕЧА С ВИКОЙ

Она сыграла в моей жизни намного большую роль, чем это могло показаться сначала.

Шло лето. Болезнь меня источила. Я весила уже 48 кг при росте 167 см. Практически ни дня я не чувствовала себя нормально, почти ничего не ела.

И вот появилась Вика. Спокойная, самоуверенная, безапелляционная. Она очень серьезно отнеслась тогда ко мне, посочувствовала и даже предложила помощь: подарила настойку какого-то золотого корня.

Вика первая стала говорить мне о Боге и сглазе. Шут с ним, со сглазом — дело темное, хотя и вполне вероятное. А вот Бог, крещение... Как выяснилось позже, Вика не такая уж и набожная. Бог и церковь для нее, скорее, традиция, атрибут нормальной светской жизни. Но все это меня не касается, это ее личное дело. Главное, что именно от Вики я впервые услыша-

ла: крестись. Где-то в глубине души ее я и считаю своей крестной матерью, хотя она этого и не знает (вот бы удивилась). Жаль, что потом у нас как-то не сложились отношения, кстати сказать, исключительно по моей вине: спокойная, всегда выдержанная Вика, совершенно очевидно, не могла в больших количествах выносить вечно чего-то боящуюся, нервную подругу. Стоило мне откорректировать свое внешнее поведение, как опять дела пошли на лад... Но это все позже, позже...

Итак, благодаря Вике я крестилась. Но была еще одна вещь, чрезвычайно важная, связанная с этой женщиной. Я безумно позавидовала («побелому», конечно) гармонии, царящей в ее доме, рождающейся, как мне кажется, именно из Викиных спокойствия и уверенности. Домовитость, чистоплотность, ухоженность дома и детей. При этом — все время какие-то люди в гостях, вроде бы шумно, но никакого крика, никаких нервов, голос не повышается вообще. Вроде бы умная женщина, зато любит поболтать о тряпках, а всякой фигне, разговаривать о которой прежде я считала ниже своего достоинства. А почему? Какая же я дура была зашоренная!

Словом, я позавидовала и захотела жить так же, ну хотя бы почти. У меня появился идеал поведения, идеал дома и семьи. И одному богу известно, что вылечило меня: золотой корень, крещение или вот эта эмоциональная встряска. В любом случае и то, и другое, и третье исходило от этой маленькой женщины, благодаря которой кончилась моя болезнь.

ПОЧТИ ПОЛГОДА ПОЧТИ СЧАСТЬЯ

И настал светлый период. Хотя начался он с воспаления легких (цирк!). Но даже это я вспоминаю как-то по-хорошему. Подумаешь, температура, подумаешь, кашель! Зато ноги ходят, глаза смотрят, не тошнит, сплю без трех-четырех таблеток снотворного. А главное — появился мир и покой внутри меня (Аве, Вика!). Тогда же я с легкой душой плюнула на университет и на журналистскую карьеру — все ушло и померкло перед идеей спокойной, уютной домашней жизни, просто для семьи, просто для себя. И еще фильм... Черт, забыла название. Про человека, попавшего вдруг в прошлое, к своим молодым родителям в сталинское время... А, «Зеркало для героя»! Не понимаю почему, но этот фильм завершил «строительство покоя» и здоровья во мне, хотя он был совершенно о другом. Может, он нес в себе какой-то очень положительный заряд? Не знаю...

Что вспоминается? Во-первых, цвет того периода: почему-то, когда я думаю о нем, то всегда возникают перед глазами спокойно-ко-

ричневый и теплый красный цвета. Еще вспоминаю наши вдруг случившиеся очень кучно походы в рестораны. Дважды с Викой и ее мужем, дважды с Сашкиными немцами. Было очень весело, приятно и спокойно. Да, именно спокойно. Сашина поездка во Францию — недолгая, а посему безболезненная и... спокойная (для меня). Рождение коммерческого канала на телевидении — смешно, но тоже запомнилось, все-таки что-то новое, интересное — телевизор работал весь день.

БОГ

Вот тогда подумалось: я крестилась, и мир пришел ко мне. Значит, да, значит, есть! Радость, счастье — все теперь в моих руках, потому что я — божий человек. Но я не стала набожной, не стала молиться, не бросилась изучать Библию. Просто наслаждалась снизошедшей на меня благодатью. Может, в этом и была ошибка...

Не могу сказать, что все было абсолютно безоблачно. Помню, что порой какие-то досадные мелочи слегка отравляли жизнь. Но, ей-богу, на общем фоне покоя это забылось.

Это время отсутствия конфликтов с родителями, это время мира и лада в моей семье. Это время прошло.

* * *

Очень посмеялась в этом месте! Ну да, конечно, «божий человек». То есть дурачок, блаженненький, юродивый. Даже не понимала, что пишу... А примерно так и обстояло дело: радовалась, что полегчало, и благодарила боженьку. А благодарить надо было ремиссию и все равно искать врача.

Вспоминаю Вику... Не видела ее уже черт знает сколько лет. Пару раз до меня долетали вести, что не все ладно в ее жизни. Очень жаль. Я изо всех сил желаю ей только самого хорошего! Несмотря на то что путь, предложенный ею, был ложным, она искренне старалась мне помочь, она не было равнодушной. В отличие от самых близких людей.

Итак, хороший период закончился. Теперь уже могу пояснить почему: закончилась ремиссия.

СТРАХ СТУКНУЛ В МОЮ ДВЕРЬ

Когда точно это произошло? Кажется, в феврале. Но сначала надо сказать, из чего, по моему убеждению, страх вырос.

Значит, было хорошо, покойно. И вот появляется предательская мысль: а насколько прочно все это? Не угрожает ли моему счастью, моему мужу, моей дочери нечто? Поначалу такие мысли легко отгонялись. Но чем лучше казалась мне жизнь, тем назойливее и упорнее мысли ку-

сали мне мозг... Я вбила себе в голову, что Алисиному здоровью, жизни угрожают ужасные болезни — дифтерия, столбняк, скарлатина и даже простой грипп, но с жуткими осложнениями. Ведь не может быть такой благополучной моя прелестная, единственная малышка!

Я убедила себя в том, что нашу квартиру ограбят и испоганят; слишком я обожала ее, сделанную мной с любовью; да плюс уверенность, что если в доме появилось благополучие, обязательно «отымут».

Я с ужасом ждала мужа с работы: такой красивый, видный, добрый и любящий, да его же зарежут, убьют!

Вспоминается Карнеги. Когда я прочитала у него фразу «Не бойтесь быть счастливыми», только плечами пожала, мол, заумь какая-то. Но как я понимаю это теперь! Это же про меня. Я боюсь быть счастливой. Может, это типично советское — стыд за хорошую жизнь, за «невыстраданное»? А скорее, вот что: человек, нагрешивший, не имеет права, по божескому разумению, чувствовать себя хорошо.

БОГ

«Обидевший да будет наказан страхом господним». Эти слова церковной молитвы я услышала много позже, а нутром поняла, прочувст-

вовала их еще тогда. Значит, я — грешница. В чем же? Я не грабила, не убивала, не прелюбодействовала... Я — грешница в отношениях с людьми.

Да, тут я во многом виновата. Была недобра к людям, злобствовала, желала им зла. Порой я их ненавидела и не очень-то это скрывала. Пришла пора платить по счетам! И когда я это поняла, я сказала Богу: «Спасибо тебе, что ты вразумил и наказал меня таким способом — страхом, а не реальным, страшным несчастьем».

Но это было только начало.

* * *

Чувствуете, как болезнь под названием «страх» набирает обороты? Читая себя двадцатилетней давности, я преотличнейшим образом вспоминаю те свои ощущения, вплоть до холодка ужаса где-то в солнечном сплетении. Пламенный привет из детства!

Детские страхи (из рассказов знакомых и друзей)

«Мне 5—7 лет, я живу с бабушкой. Каждый раз, когда бабушка входит в магазин, оставив меня на улице (ей так удобнее, возражения не

принимаются), меня трясет от того, что она уйдет через «черный ход», а меня оставит. Со временем я научусь понимать бабушкины ценности и стану высчитывать «ценность» оставленных со мною сумок. То есть, если в сумке кочан капусты, им можно пожертвовать и «потерять» меня. Если есть «полный продуктовый набор», включающий мясо или колбасу, значит, бабушка точно вернется.

Ужас был «размером» как раз во все детское тело или немножко больше.

Страхов в жизни было очень много, но когда я погружаюсь в тот — они все блекнут, я их даже вспомнить не могу».

Возвращаюсь к запискам двадцатилетней давности...

ФОБИИ

Это так называется в медицине. Я вполне допускаю, что, с точки зрения науки, в моей башке произошел какой-то сдвиг, называемый «навязчивыми состояниями». Я даже думаю, что это так. С той только разницей, что назвать это психическим заболеванием в бытовом смысле (он часто не совпадает с медицинским и, безусловно, является его профанацией) никак нельзя, так как я прекрасно все понимаю и ана-

лизирую. Любую свою фобию я могу разложить на составляющие. Другое дело, что это не помогает. Во мне как бы два человека (так, раздвоение личности, скажет специалист и будет неправ): один — умный, аналитик, все знает и ничем его не прошибешь, а другой — паникер, фантазер, живет в своем жутком мире ужаса, насилия и смерти, который сам же и придумал.

Мои страшные фантазии, с одной стороны, безумны, а с другой — разве не живем мы в мире абсурдного кошмара? Мать, выбрасывающая младенца на помойку, — это не кошмар? Отец, насилующий свою маленькую дочь, — не абсурд? Женщины, убивающие молодую мать и сжигающие ее 4-месячного младенца живьем, — это что? Так почему же мои страхи безумны? А если они не безумны, то как же можно жить, не боясь?

Разговор с мужем:

— Я запрещаю тебе смотреть эти криминальные хроники! Посмотри на себя — опять вся белая! Переключи на другую программу!

— Но ведь это есть. Это надо знать.

— Зачем?!

Разговор с мамой:

— Мама! Вот зачем нас так мучают: показывают весь этот ужас, пугают? Что я-то могу сделать?

— Эту массу народа надо расшевелить. Она должна ужаснуться тому, что происходит.

— А как же быть мне, таким, как я? Ведь нам этого не надо, мы и так все понимаем, ты же знаешь. Меня ведь это убивает.

— Сейчас не до таких нервных, рефлектирующих особ, как ты. Надо что-то делать с сонным отупением большинства...

Забавно, даже в новые времена, когда обществу уже есть вроде бы дело до конкретного человека, ему все равно абсолютно плевать на меня. Это нечестно!

* * *

Ах, моя мама! Ее, как обычно, как всю жизнь, интересовали лишь проблемы общества, судьбы родины и состояние умов народных масс. А потому, когда дочь плакала и говорила, что ей плохо и страшно, это не пробивало женщину, которая вся в политике и в борьбе за очередное светлое будущее. И обществу не до меня (да и фиг бы с ним, с обществом!), и маме родной тоже (а вот это уже больно!).

Но продолжим чтение главки «Фобии». Если просто рассказывать о моих «фантазиях», которые росли, как грибы в сырости, то это, в конце концов, станет скучно. Если только так, фрагментарно...

ФОБИИ

1. Дифтерия. Мы с Алисой гуляем в парке. К дочке подбегает ребенок лет шести с абсолютно забитым соплями носом, тяжело дышащий. Короткий диалог, и они разбегаются. Страх нагрянул минутой позже. Я вспомнила, что иногда дифтерия бывает в виде «упорно протекающего насморка со слизисто-гнойным отделяемым» (между прочим, шпарю наизусть). А у дочери нет прививки!

Дома начинается фильм ужасов. Лезу в энциклопедию, уточняю инкубационный период... Меня колотит. В 24.00 звоню в «Службу доверия», выслушиваю вежливое хамство... Не помню как, но вышла я из этого состояния довольно быстро, по-моему, на следующий день. Каково?

2. Ограбление. Я была уверена, что нас ограбят. Пару раз муж оставлял ключи в замке с наружной стороны двери. Я была убеждена, что слепок уже сняли. Но кстати, на сей раз моя фобия сослужила полезную службу — нам поставили (в обход многотысячной очереди — это услуга пристроившейся к милиции фирмешки) охранную сигнализацию. Здорово?

3, 4... ?. Еще был этот чертов Сашкин военкомат, Алискин ларингит, ну и что-то там еще... Но как оказалось, и это было только начало.

ОДНА

Конечно, не совсем: с Алисой, с родителями на другом конце города. Но по существу, одна... Потому что набежали призраки, и не было рядом человека, который помог бы отогнать их. И это помогло им занять в моей жизни главенствующее место.

Саша уехал на полгода. Это было очень тяжелым моральным ударом по моим уже и так расшатанным нервам.

Видимо, груз ответственности за ребенка, свалившийся на меня одну, раздавил меня. Я слегка спятила на дочкином здоровье (слегка?). Уже слышу: а как же другие, остающиеся без мужей? И растят детей, и работают, между прочим, и не жалуются. Но я же говорю о себе! В чем-то я хуже этих самых «других», в чем-то, наверное, лучше. Но это я. Как будем сравнивать? Ерунда же...

Так вот, мне было очень тяжело. И не физически, а морально. Как я уже сказала, поначалу я «съехала» на здоровье Алисы. Это было и ужасно, и смешно. Но правда, как не посмеяться над тем, что я была уверена: одноразовый шприц, которым Алисе сделали прививку от дифтерии, но не при мне вскрыли, уже был использован однажды (а может, и не однажды). Я нс сомневалась в этом ни минуты, а главное, чувствовала себя во всем виноватой, так как не смогла настоять на использовании своего шприца, с которым пришла в процедурный кабинет. (О, это чувство вины, как оно разрастется потом, каким большим станет — почти как страх. Собственно, они станут близнецами-братьями: страх и чувство вины.)

Смешно сейчас. А тогда... Тогда, уверовав в бесчестность медсестры, заразившей мою дочь СПИДом (и не меньше) и в свою стопроцентную вину в этом, я решила твердо... больше не жить. Этого не знал никто. Только Бог...

БОГ

Мой первый ропот, но какой! «Я уже все двадцать раз поняла, я наказана, я повинилась — что тебе еще надо? Что душу мою ешь? Где твое хваленое милосердие? Или я такая страшная грешница, что в наказание из меня надо нервы по ниточке вынимать? Но уж если я такая дрянь, то... мне не о чем с тобой разговаривать!»

Тогда придумалась фраза: я-то в Бога верю, да вот Бог не верит в меня. А это страшнее, чем наоборот.

Кто-то скажет: это типичное психическое нездоровье. И я, честно говоря, растеряюсь: да, тогда действительно мои навязчивые идеи не поддавались, а точнее, с трудом поддавались моему анализу и владели мной безраздельно, как реальность. Но! Тогда одно большое НО! Такая болезнь, насколько я знаю, не может пройти сама, без лечения. А у меня в этом виде — прошла. И превратилась в нечто другое, «раздвоенное», о чем я уже писала — с полным пониманием происходящего и анализом. Хотя вроде бы и так у психов бывает... Не знаю...

Итак, страшные дни. Я ничего не ела, ничего не могла делать. Я лежала и смотрела на играющую дочь. Даже врагу моему не пожелаю пережить такие мгновения, часы! В какой-то момент Алису забрали к себе мои родители, и я осталась одна. Я твердо решила уйти, уйти из жизни навсегда, воспользовавшись отсутствием дочери.

Но на четвертый или пятый день что-то произошло, какое-то просветление. Пара телефонных звонков — маме, подружке детства, умнице и доброй чрезвычайно — и вдруг свобода! Отпустило! Кто меня спас? Что меня спасло? Бог? Но это напоминает спасение утопающего тем, кто сначала связал жертве руки, бросил в воду. А ведь таблетки уже были у меня в руке, огромная куча таблеток, чтобы заснуть навсегда. О, господи, не знаю, как с тобой разговаривать! Что ты есть в моей жизни?

Поздней ночью того же дня на левой ладони у меня появилось довольно крупное черное пятно, которое держалось недели две. «Стигма», —

сказала мама и объяснила, что это такое. Но она не знала причины ее появления.

Потом было еще и еще многое, связанное с Алисой. Страх до одури... Но об этом, пожалуй, хватит. Слишком тошно...

Так как я жила? Страх стал моим постоянным спутником, с ним засыпала, он же первым говорил мне «Доброе утро!». Мне кажется, он был даже материален и ощущался, существовал вокруг меня. Вот однажды дочка спала ночь со мной и утром ее вдруг стало рвать желчью при абсолютно нормальном желудке — типично моя психическая реакция на стресс. Страх, как комар, ночью покусал и ее...

* * *

Да, помню эти свои фобии, которые навалились на меня тогда огромной кучей, каменным оползнем. Я вообще не понимала, как можно жить, если вокруг столько опасностей и ужасов. Я должна была все контролировать, обязана была обеспечить дочери полную гарантию безопасности. А это означает — все предусматривать, везде успевать, бегать за каждым микробом и вирусом, блокируя их приближение к Алисе на дальних подступах. Больше всего на свете мне хотелось посадить дочь под прозрачный колпак и чтобы она так и жила.

Да, припоминаю, как я терзалась страхами нападения на мою квартиру, за мужа по разным поводам... Ну, в записках я не очень распространилась на эту тему, а в памяти, оказывается, не все удержалось. Тем более, что через годы, когда бывали рецидивы, случались и другие кошмары, новые, свеженькие, часто «перекрывающие» старые. Словом, помню не все.

Чем сильнее меня вымучивали страхи, тем более одинокой я становилась. Делиться с близкими не только не было смысла (не реагировали), но я уже даже стыдилась этого. Почему стыдилась? Да потому, что здоровая моя натура прекрасно понимала: все это дурь и бред! Да, понимала. Но ничего с собой поделать не могла и, как обычно, относила это к собственным ничтожеству, трусости и позорной слабости.

Я все больше замыкалась в себе, уходя куда-то в глубь своего подсознания (если все же такое имеется), прислушивалась лишь к своим ощущениям, все меньше обращая внимания на мир, на жизнь вокруг, на события, не касающиеся меня, а уж тем более не реагируя на что-то радостное, светлое, позитивное. Подобному не было места в моей душе, да и потом это было в полном противоречии с моим настроением, в неразрешимом противоречии!

Вот, что я поняла за годы и годы страха: человек, сломленный им, не может не стать эмоционально глуховатым ко всем окружающим его людям. Он слишком зациклен на себе и своих демонах, что съедают его изнутри, ему слишком больно! Он не в состоянии проникаться чужими проблемами и горестями, ему бы со своими справиться. Он даже не может правильно и даже вежливо реагировать на чужие жалобы или информацию, к примеру, о чьей-то болезни. Он может выдавить из себя: «Да? Какой ужас!», но при этом глаза его пусты, даже эмоций в голосе нет. Он в себе, в своем собственном персональном аду, сидит и поджаривается на сковороде, разве есть ему дело до боли чужой? Когда вы огнем обожжете палец, в самый момент и сразу после ожога способны ли вы слушать чей-то рассказ о проблемах и болячках, возникнет ли у вас жалость и сострадание? В эти минуты вы пищите только лишь от своей боли. А человек, живущий в аду страха, не пальчик обжег. У него внутри полыхает вечный пожар, жгущий все его органы, ему постоянно невыносимо больно. И естественно, что он становится эмоционально глухим. И жить может лишь в пространстве своего страха.

Когда боль не проходит месяцами, а помощи нет никакой, очевидно, любой человек начинает просить пощады у Бога — единственного существа, которое то ли есть, то ли нет, но, говорят, он всесильный и всемогущий. Вокруг живут и дышат в две дырочки люди, существуют реально, но помощи от них никакой. Да, они не всемогущи, но ужас в том, что они и не хотят помогать... А про

Бога говорят, что он любит всех людей, жалеет их. Значит, только к нему и остается обращаться теперь… Даже если его нет. А вдруг есть?

Обращаешься, молишься, просишь, плачешь… Боль, естественно, не проходит. Плацебо не действует. И тогда, вместо того чтобы, наконец, понять, что не в те двери стучался, не на ту инстанцию рассчитывал, начинаешь «катить бочку» на Бога, который то ли есть, то ли нет, огрызаться на него, предъявлять претензии… Опять бесполезное занятие, глупая потеря времени и душевных сил. Но альтернативы нет, больше некуда бежать, не к кому прислониться.

Ты — одна. И признаться себе в том, что и Бога нет, что ты совсем, окончательно и бесповоротно одна, очень страшно. Пожалуй, это самый страшный страх — знать, что никто не только тебе не поможет, но даже не посочувствует. Никто даже из самых близких… Поэтому до последнего цепляешься за Бога, ведя с ним идиотские, бессмысленные беседы, чтобы только не оставаться одной.

Детские страхи
(из рассказов знакомых и друзей)

«*Наверное, как и все дети, я слишком серьезно воспринимала слова взрослых, даже шуточные, случайные. Обычная ситуация — ма-*

ма говорит: не ешь яблочный огрызок (семечки и пр.), а то у тебя в животе дерево вырастет. Вроде забавно, смешно, а я очень, между прочим, переживала. Сами того не ведая, взрослые развивают в ребенке страх перед принятием пищи. А вдруг я случайно проглочу семечку?! Такая же фигня с «не ешь-не пей столько сладкого, а то попа слипнется». Мне 5 лет. Бабушкина подруга сама развела много варенья в большой чашке чая и сама же пригрозила слипнувшейся попой! Я была в ужасе и даже отказалась от чая. Было очень страшно не уследить ту степень сладости, которая вызывает слипание попы. Со временем, конечно, страхи эти отпустили, но, зараза, до сих пор помню эти ощущения!

А самый жуткий страх в 5—6 лет — это боязнь микробов. Патологическая. Вроде папа все правильно сделал. Чтобы быстро приучить меня к гигиене, он рассказал, что есть такие маленькие существа — микробы, мы их не видим, но они есть, они везде, их миллиарды, поэтому нужно хорошо мыть руки (особенно после животных), овощи, фрукты, иначе микробы попадут в живот, живот будет сильно болеть и придется ложиться в больницу. Все здорово! Только немного переборщили.

В общем, мне везде мерещились микробы. Я стала сторониться птиц и животных. Мыла руки все чаще и чаще. Потом стала использо-

вать мыло для мытья овощей и фруктов. Представляете, прежде чем съесть яблоко, я его тщательно мыла с мылом. Долго не отпускал меня этот страх, но, к счастью, все-таки отпустил.

Теперь самый главный страх моей жизни, что меня не воспримут всерьез. Особенно взрослые люди (ха-ха-ха, мне самой 25 лет). Более других настораживают взрослые мужчины (привет, папа!). Ну, и со своими родителями на равных не могу беседовать...

Раньше я и с женщинами не могла общаться, чувствовала себя 5-летней девочкой, хотя мне было уже за двадцать. Все благополучно разрешилось, как только я отходила на бухгалтерские курсы: ежедневно по 8 часов в закрытом пространстве с 40-летними женщинами сделали свое дело. Соседка по парте (не скажешь же — по столу) спрашивала у меня что-то постоянно! «О боже, она интересуется моим мнением, она просит помощи! У меня!!!» В общем, я научилась общаться с женщинами, и они больше не пугали меня.

С мужчинами не все так хорошо получается. Я почему-то уверена, что не могу быть им полезна, что мое мнение не может быть значимо для них.

Второй год работаю риэлтором. Для борьбы с комплексами это занятие, требующее постоянного общения, дало много. Но все равно я не могу чувствовать себя на равных со взрослыми (видите, я опять употребляю это слово, как будто сама остаюсь еще ребенком). Много думала про это. Нашла причины в родителях, естественно. Все решения они принимали по большей части за меня. Самой проехаться в общественном транспорте мне разрешили только в 15 лет, одежду мама выбирала за меня лет до 16. В общем, ничего серьезного мне не доверяли, во взрослой компании мое мнение не спрашивали, институт , где мне учиться, выбрали без моего участия и т.д.

Помню, мамина подруга рассказала, что как только ее дочери исполнилось 14, девочка сама, никого не спрашивая, пошла получать паспорт. На это мне мама потом сказала: «Ишь ты, какая колбаса деловая!» Странная реакция, согласитесь...

Сейчас убеждаю себя в том, что в 25 лет делать акцент на своих детских страхах довольно глупо. Стараюсь воспитывать свою личность самостоятельно (пока непривычное слово)...»

С ТОЧКИ ЗРЕНИЯ НАУКИ

Я постоянно расстраиваюсь из-за того, что у очень многих людей еще не выработались полезные привычка и умение искать информацию там, где ее можно найти с гарантией в 100 процентов. Я конечно же об Интернете. Там есть любые, даже самые экзотические и редкие сведения и факты. Я конечно же о тех, кто с насмешкой относится к психичеcким проблемам детей и взрослых, кто призывает заведомо больных людей «не дурить и взять себя в руки», кто по невежеству своему и «доброте душевной» злобно пинает слабых и страждущих. Уже сто тысяч раз эти «добрые» люди могли найти во Всемирной паутине всю необходимую информацию о депрессиях, фобиях, неврозах, страхах. И не говорите мне, что они не умеют пользоваться Интернетом. Умеют! Именно там они и оставляют свои дикарские комментарии о предметах, в которых разбираются не лучше, чем свинья в апельсинах.

Давно задавалась вопросом, откуда взялись все эти мои страхи, которые так портят жизнь, делают меня почти инвалидом и не отпускают почти никогда. Разумеется, можно с высокой долей вероятности предположить, что с самого рождения в моей голове что-то было не так. А также, как выяснилось, в головах огромного количества людей, страдающих от той же проблемы. Подобная причина по науке называется «эндогенной». Но, как утверждают ученые, не все так просто. Болезненное подчинение страху может иметь и экзогенное начало, то есть внешнее, не врожденное, а привнесенное извне. Не очень долгий поиск в Сети, и я «нарыла» множество информации на эту тему. Кое-чем делюсь.

Вот что рассказывала в своих лекциях еще полвека назад о возникновении психических заболеваний общепризнанный авторитет в области детской психиатрии доктор Г.Е. Сухарева — основатель и бессменный руководитель в течение 30 лет кафедры детской психиатрии Центрального института усовершенствования врачей, много лет возглавлявшая клинику психозов детского возраста Института психиатрии Российской Федерации, научный руководитель психиатрической больницы им. В.П. Кащенко, член правления Всесоюзного, Всероссийского и Московского обществ невропатологов и психиатров, председатель детской секции Московского общества невропатологов и психиатров.

В конце XIX и начале XX веков наряду с уже давно известными вредностями, способными вызвать психические заболевания (инфекции, интоксикации, механическая и психическая травматизация), врачи начинают все больше внимания обращать на влияние социальной среды как причины психических отклонений. В середине XX века был опубликован ряд работ о доминирующей роли психогенных факторов в возникновении психических расстройств. Накопились доказательства, что качество родительского ухода за ребенком в ранние годы имеет жизненное значение для его будущего.

Между тем в мировой психиатрии продолжается спор между сторонниками психогенной и соматической теориями (иными словами: какие факторы являются главными в возникновении психической болезни — биологические или семейно-социальные, эндогенные или экзогенные). А действительно ли обязательна альтернатива между эндогенными и экзогенными факторами, следует ли их противопоставлять друг другу? Не является ли более правильным изучение их взаимосвязи? Большинство современных психиатров на последний вопрос отвечают положительно.

Следует признать, что практически каждая психическая болезнь обусловлена влиянием и наследственности, и среды. Оба крайних мнения — это «идеальные полюса», которых практически не бывает в жизни. Между ними имеется непрерывный ряд, в котором одни заболевания являются преимущественно эндогенными по своей природе, другие — преимущественно экзогенными.

Из лекций по психиатрии детского возраста

http://www.psychiatry.ru/book_show.php?booknumber=52&article_id=2

А вот что писала сравнительно недавно уже не крупный ученый, а человек, только еще готовившийся к самостоятельной научной работе — аспирантка РУДН М.И. Витковская.

В результате экзогенной тревожности возникают страхи, которые нельзя целиком отнести к эмоционально-чувственной сфере, они могут быть вполне рациональными, то есть опираться на логику, разум, в том числе представать как результат трезвой оценки ситуации. Данный вид страхов, рациональные страхи являются предметом исследования различных наук, в том числе социальной психологии и социологии.

Экзогенные страхи формируются в ходе социальной жизни индивида. Страх как социальный феномен, с одной стороны, зависит от социальной системы, с другой стороны, ока-

зывает на нее влияние. Типы и интенсивность проявления социальных страхов изменяются исторически и различаются в различных обществах и культурах.

«Страхи как предмет социологического исследования»
http://194.226.215.181/db/msg/38283

Как видите, возникновение страхов в виде психических расстройств рассматривается как результат воздействия внешней среды. Это уже стало в научном мире общепризнанным фактом. Поэтому сейчас в Интернете можно без труда найти множество общедоступных для понимания неспециалиста сайтов на эту тему. Вот, к примеру, что пишет эксперт сайта «Mama.ru» и администратор сайта «DoktorPapa.ru», детский психолог и врач А. Кузнецов.

Страхи, испытанные в детстве, не проходят бесследно. Нередко они становятся причиной многих психических и нервных заболеваний у детей, которые могут проявиться и развиться через много лет. Поэтому родителям непременно стоит помочь своему ребенку справиться с его страхами по мере их возникновения, не игнорировать их — какими бы несерьезными они ни казались. Создание стабильной и доброжелательной атмосферы в до-

ме, активное обучение ребенка навыкам общения и адекватного выражения своего гнева поможет свести детские страхи к минимуму.

«Страхи у детей»
http://mama.ru/cubics/view/id/181

«Все мы родом из детства...» — сказал Экзюпери. Оттуда же и большинство наших страхов. Страх — это естественная эмоция, свойственная всем людям, такая же, как радость, изумление, восторг. Детские страхи обусловлены возрастными особенностями детской психики и по мере взросления ребенка проходят без следа, но иногда они приводят к тому, что у ребенка меняется поведение: он становится неуверенным в себе, излишне тревожным и неспособным к гармоничному взаимодействию с внешним миром. Причин этому несколько:

излишняя тревожность родителей — у них самих множество страхов, и эти страхи передаются ребенку; иногда дети могут привыкнуть к повышенной тревожности родителей и воспринимать ее как фон, не более, но чаще происходит по-другому, и у тревожных родителей вырастают тревожные дети с множеством фобий и страхов;

гиперопека — желание родителей оградить ребенка от проблем мешает ему развиваться и, как следствие, может приводить к излишней тревожности и появлению страхов; в этом отношении особенно уязвимы единственные дети в семье;

запугивание детей родителями — «Не будешь послушным, доктор сделает тебе укол» или «Я тебя бабе-яге отдам»; самое интересное, что потом эти родители могут искренне недоумевать, почему ребенок боится врачей или откуда у него кошмары — ребенка нельзя пугать, к сожалению, многие родители об этом забывают;

неблагоприятная обстановка в семье — страхи чаще встречаются у детей в тех семьях, где существуют конфликты между отцом и матерью, и в семьях, где родители много работают и активно участвуют в общественной жизни в ущерб семье;

невнимание к ребенку — чаще страдают страхами дети, предоставленные сами себе, лишенные родительского внимания;

травмирующие ситуации — испуг, испытанный ребенком, может стать причиной появления страха, например, даже небольшая собака своим лаем может напугать ребенка так, что он будет бояться собак много лет.

«Детские страхи»
http://www.doktorpapa.ru/blog/225

А это с сайта «Kid.ru», посвященного, как вы можете судить по названию, детям.

Причина многих детских страхов — в матери, вернее, в ее неправильном поведении в семье. Дети больше страдают от различных страхов, если считают главной в семье мать, а не отца. Нервно-психологические перегрузки работающей и доминирующей в семье матери вызывают у детей ответные реакции беспокойства. Не очень хорошо отражается на эмоциональном состоянии ребенка и стремление матери как можно скорее выйти на работу, где сосредоточены ее основные жизненные интересы. При этом она не всегда учитывает запросы ребенка и его потребность в более тесном контакте с ней. Чтобы ребенок начал чего-то бояться, родителям достаточно начать ссориться.

На родительские размолвки дети чаще всего реагируют появлением страхов. Дети-дошкольники из конфликтных семей чаще, чем их сверстники, боятся животных, стихии, заболеваний, смерти, им часто снятся кошмары. Появление страхов зависит и от состава семьи. Например, наиболее подвержены страхам единственные дети, которые становятся в семье эпицентром родительских забот и тревоги. В то же время, чем больше в семье детей, тем меньше у них страхов.

Имеет значение и возраст родителей. Как правило, у молодых, эмоционально непосредственных и жизнерадостных родителей дети менее склонны к проявлению беспокойства и тревоги, а у «пожилых» родителей (особенно после 35 лет) дети более беспокойны и тревожны. Причиной возникновения страхов у ребенка может быть эмоциональный стресс, пережитый мамой еще во время беременности, конфликтная обстановка в семье в этот период ее жизни. Психологов часто спрашивают, могут ли те или иные конкретные страхи передаваться по наследству? В этом случае следует сказать, что по наследству могут передаваться типологические особенности высшей нервной деятельности, общий тип реагирования на окружающий мир.

Итак, чего же могут бояться наши дети? Это зависит от возраста. До 7 лет у детей преобладают так называемые природные страхи, основанные на инстинкте самосохранения. В 7—10 лет наступает как бы равновесие между природными и социальными страхами (одиночества, наказания, опоздания). Можно выделить конкретные страхи, свойственные каждому периоду жизни.

«Чего боятся наши дети»
http://www.kid.ru/pregnancy/index604.php3

Обычно страх кратковременен и обратим, не затрагивает глубоко личность человека, не влияет на его характер, поведение и взаимоотношения с другими людьми. Однако бывают и ярко выраженные, устойчивые страхи, для которых характерно почти полное отсутствие контроля со стороны сознания. Подобные сильные страхи оказывают неблагоприятное воздействие на характер человека, его отношения с людьми и качество его жизни.

...Детские страхи, если к ним правильно относиться, понимать причины их появления, чаще всего исчезают бесследно. Если же они болезненно заострены или сохраняются на длительное время, то это служит признаком неблагополучия, говорит о физической и нервной ослабленности ребенка, о неблагоприятных условиях окружающей среды.

А.И. Захаров. «Как преодолеть страхи у детей»

Чем опасен длительный страх для человека, для ребенка в частности? Страх пропитывает все чувства тревожной окраской и вытесняет положительные эмоции — радость, смех, ощущение полноты жизни, оставляя вместо них удрученность, пессимизм, неуверенность в своих силах. Страх парализует активность человека, порождает чувство бессилия и безнадежности. Без веры в свои силы человек уже не может эффективно бороться, отстаивать свои права, он заранее настраивается на неудачу, убеждая себя в собственной неспособности и ничтожности.

http://www.eti-deti.ru/child/393.html

Страх уродует и мышление, которое становится все более быстрым, хаотичным в состоянии тревоги или вялым, заторможенным при страхе. В обоих случаях оно теряет гибкость, становится скованным бесконечными опасениями, предчувствиями и сомнениями. Второстепенные детали заслоняют главное, а само восприятие лишается целостности и непосредственности. Из-за нарастающей эмоциональной напряженности и боязни показаться смешным, сделать не то и не так, как требуется, уменьшаются познавательная активность, любознательность, любопытство. Все новое, неизвестное воспринимается с известной долей настороженности и недоверия, а поведение приобретает пассивный и излишне осторожный характер. В некоторых случаях люди настолько устают от страхов, что отказываются от любых проявлений инициа-

тивы и внешне производят впечатление равнодушных и безразличных. Фактически же это говорит о развитии защитного торможения, предохраняющего психику от дальнейших эмоциональных перегрузок.

Жить в страхе — это все равно что постоянно оглядываться назад, исходить из своего травмирующего прошлого и не видеть будущего, его жизнеутверждающего начала. Возникающий в этих условиях тревожно-пессимистический настрой приводит к тому, что все случайное, неприятное приобретает роковое значение, становится постоянным знаком опасности. Человек уже не способен, где нужно, пойти на риск, следовать непроторенными путями, не пугаться тайн и сомнений, то есть он не способен ко всему тому, что составляет основу новаторского и, в более широком плане, созидательного процесса.

При длительно действующем страхе, искажающем эмоционально-волевую сферу и мышление, отношение окружающих воспринимается все более неадекватным образом. Кажется, что они не так относятся, как раньше, не понимают, осуждают... Это говорит уже не только о тревожности, но и о мнительности. Психические изменения под влиянием страха приводят к развитию труднопереносимой социально-психологичес-

кой изоляции, из которой нет легкого выхода, несмотря на желание быть вместе со всеми и жить полноценной, творчески активной и насыщенной жизнью.

А.И. Захаров. «Дневные и ночные страхи у детей»
http://psygorodok.org.ua/node/197

А что происходит в организме человека, когда его охватывает страх? Прежде всего, активируется симпатическая нервная система, мобилизующая энергетические ресурсы и перестраивающая деятельность всех систем органов, подготавливая их к физической деятельности. Это приводит к учащенному сердцебиению ("сердце уходит в пятки"), расширяет зрачки ("у страха глаза велики"), тормозит активность пищеварительных желез ("от страха во рту пересохло") и т.д. Параллельно включается и эндокринная система, которая в опасных ситуациях выбрасывает в кровь адреналин, или "гормон кролика" (в отличие от похожего на него норадреналина, называемого "гормоном льва", который выделяется при гневе и ярости). Адреналин сужает сосуды кожи ("лицо посерело от страха") и в целом действует так же, как и симпатическая нервная система, во многом дублируя ее ра-

боту. Страх «разгоняет» вегетативную нервную систему. Избыточная активность вегетативной нервной системы заставляет сердце, легкие, печень, почки работать на пределе своих возможностей.

Высоко вероятен срыв: инфаркт, движение камней в почках, спазмы в желудке и прочие соматические проявления. Страх может приводить к изменению частоты и силы сердечных сокращений, вызывать потливость, провоцировать желудочно-кишечные расстройства, влиять на деятельность дыхательной системы, вызывая чувство нехватки воздуха, приводить к задержке мочеиспускания или, наоборот, провоцировать непроизвольное выделение мочи, а также вызывать дефекацию.

Страх имеет множество лиц и соответственно множество телесных форм выражения.

Возможные последствия страха для организма: пониженная сопротивляемость, гипертония, сердечные заболевания, астма и другие хронические заболевания органов дыхания, расстройства пищеварения: проблемы с желудком, нерегулярный стул или понос, затрудненное глотание, болезни зубов, мигрени, нарушения осанки, проблемы с глазами и со зрением, нарушения слуха, повышенная опасность несчастных случаев, болезни почек.

Ведущие специалисты считают страх одной из причин развития онкологических заболеваний. Исследования показали, что при одинаковом образе жизни и прочих сходных данных, люди с канцерофобией (страхом перед раком) заболевали раком на 14% чаще, чем те, кто не боялся онкологических заболеваний.

Н. Ивахненко. «Победа над страхом будет порогом нового сознания»
http://www.lomonosov.org/medicine/medicine651.html

Самое важное, о чем следует помнить в отношении этой эмоции — для тела она не проходит незамеченной. Одно лишь предчувствие чего-то плохого способно вызвать физические последствия страха, и когда это случается, тело тут же ослабляется, переживает стресс и эмоциональные страдания. Если страх хронический, он подрывает способность тела нормально функционировать. Если же переживать страх приходится внезапно, то мгновенно включается реакция «сражаться-или-бежать», способная замкнуть цепь и залить тело химическими веществами. Во многих случаях такое может обернуться сердечным приступом или даже вызывать смерть от испуга. В общем, рано или поздно нам придется взглянуть в лицо своим страхам, если мы не хотим, чтобы они сожгли наше тело.

«Влияние страха на здоровье человека»

http://digest.subscribe.ru/health/life/n568865320.html

И это капля в море из всего, что можно найти в Интернете на данную тему. Меня интересовал определенный аспект проблемы: насколько важно для формирования у человека патологического страха с переходом в серьезное заболевание, в какой семье, в каком окружении он рос, как его воспитывали, как вели себя родители. Непременно ли вечно испуганный ребенок болен с рождения, то есть имеет какую-то врожденную патологию? Да, так бывает. Но далеко не всегда! Из здорового ребенка особо «талантливые» родители и близкие могут сделать инвалида, психически неуравновешенного, запуганного, несчастного. Я в этом не сомневалась, но всегда предпочитаю заручиться поддержкой авторитетных профессионалов, ученых.

Итак, в данном случае моя основная мысль такова: родители, недалекие или не любящие своего ребенка, вполне могут сделать из него больного человека даже без членовредительства. И не очень-то напрягаясь! Детская психика столь подвижна, что поломать ее — раз плюнуть. Так что, начинающие мамы и папы, имейте это в виду, ведь абсолютное большинство любят своих детей. Послушайте жертву родительских ошибок, преступных ошибок.

Часто бывает так... У родившегося ребенка есть некоторая предрасположенность к психическим заболеваниям. Но при любящих и мудрых родителях ни он, ни его близкие могут никогда об этом даже не узнать. Человек вырастет благополучным и счастливым...

В одной из своих книг («Дочка, не пиши») я рассказывала о сайте замечательного врача, который уже много лет помогает русскоязычным пациентам со всего света — помогает как психиатр. Никакая не тайна, что психиатрия (не как наука, а как направление здравоохранения) в Советском Союзе была очень отсталой, а потому ей еще догонять и догонять убежавшую далеко вперед западную. Но люди-то болеют, к сожалению, уже сейчас! А врачей либо нет, либо очень трудно найти квалифицированного специалиста (мне, например, потребовалось — в Москве! — более 10 лет). Вот и лечит добрый доктор Горбатов по Интернету, ведет беседы в Скайпе, на каждого у него заведена история болезни... Великое дело! Думаю, что каких-то людей уже просто не было бы на свете, если бы не этот врач со своим сайтом.

На форуме сайта больные — там много страдающих депрессией, паническими атаками и прочими неприятными вещами. Они подробно рассказывают о собственных бедах, обсуждают их с доктором. Я выбрала несколько рассказов участников форума, чтобы показать, как страхи могут быть если не главной причиной болезни, то уж точно сильнейшим ее катализатором, как страх может превратиться в симптом заболевания, в общем, насколько это страшно... И еще — как много чего тянется в нашей жизни из детства, юности. Слишком много, чтобы этим пренебрегать. Во всяком случае, доктор всегда настаивает на подробном рассказе своих пациентов об их жизни, начиная с раннего детства. Наверное, не просто так?

ИЗ РАССКАЗОВ ПАЦИЕНТОВ

В 17 лет буквально сразу после окончания школы у меня появилась угревая сыпь, из-за которой я очень переживала. Был период, когда высыпания страшно увеличивались, и я стеснялась выйти из дома, замыкалась в себе, не отвечала на звонки друзей и подруг. Хотя до этого была очень общительна, у меня было много подруг. Лечение сыпи происходило с переменным успехом около трех лет. Когда становилось полегче, я чувствовала себя хорошо. Почему это важно в моей истории? Потому что я была в тот период зациклена на своей внешности, так как считалась красавицей. И вот у красавицы возникли большие проблемы с кожей...

В этот период мы с мамой на время переехали жить к ее брату, так как меняли свою квартиру. Мы оказались летом, в жару в маленькой душной комнате, и ко мне стали лезть в голову воспоминания... Как меня в этой квартире (а проживала я в ней с 10 до 16 лет без мамы) по-

стоянно оскорблял и унижал дядя. Он часто говорил, что я его объедаю, так как слишком много ем. Заодно вспомнила и бабушку. Она была деспотом и меня тоже не очень любила. Когда я в 14 лет после прогулок вместо 9.00 приходила в 9.30 вечера, бабушка могла устроить истерику. Как-то раз даже закрыла передо мной дверь. Сотовых телефонов тогда еще не было, мама жила далеко, я сама добиралась без денег по темным улицам до отца. Было очень страшно!

Так вот, все это вместе — духота, воспоминания и постоянные мысли о прыщах сделали мою жизнь невыносимой. Я начала чувствовать тревогу. Острую. Настроение было постоянно плохим, я замкнулась в себе еще сильнее, часто плакала. Мама пыталась помочь, ей я рассказывала все, мы с ней подруги, но легче мне не становилось.

Это продолжалось два месяца. А радости при переезде на новую квартиру уже не было. Росло чувство страха. Я перестала спать, пропал аппетит. Пробовала какие-то гипнозы, не помогало. Мне стало тяжело общаться даже с мамой. Пропала уверенность в себе.

В это время я худо-бедно училась на психолога. И вот где-то на 3—4-м курсе я стала бояться ходить в университет. Мне казалось, что я схожу с ума. Появились фобии перед экзаменами, из-за выступлений перед коллективом, хотя прыщи я вроде поборола. Но фобии появлялись и появлялись. Я обратилась к врачу. Тогда мне было 21 или 22 года. Врач назначил препараты... Пролечилась три месяца. Почувствовала себя лучше. Познакомилась с парнем. Он помог мне стать увереннее в себе. А потом вдруг стало хуже, и лекарства больше не помогали. В итоге я попала в психбольницу...

* * *

В первую очередь мне мешает жить бессонница и постоянное ощущение беспокойства, мне даже хочется вырвать кусок этой тревоги, спрятавшейся за грудиной! Я постоянно себя закапываю в учебе, работе, лишь бы не оставаться наедине со своими мыслями, мне кажется, я съедаю себя. Казалось бы, все у меня хорошо: учусь на «отлично» в медицинском университете, занимаюсь научной деятельностью, дежурю в роддоме, работаю промоутером, хожу на фитнес, в бассейн, катаюсь на велосипеде, прыгаю с парашютом. Но... Отношения с мужчинами не складываются. Я нравлюсь, умею общаться и понимаю чужие чувства, но, когда вижу, что мужчина настроен серьезно, меня охватывает паника, мне хочется бежать... что я и делаю. Не люблю, когда ко мне прикасаются: даже когда мама пытается сделать массаж, меня охватывает ужасное чувство...

Мне кажется, я с детства была крайне рассудительна и тревожна, никогда не жаловалась: мама очень меня любила, но жизнь у нее не сладкая, и я всегда знала, что маме тяжело из-за меня, что все она делает для меня и сестры... Значит, тревожить ее нельзя. В школе отношения складывались сложно, была одиночкой. С 10 до 17 лет училась в музыкальной школе: преподаватель был холостым мужчиной лет за 50. Подозреваю, у него были наклонности педофила... Нет, опасного ничего не было, но руки «невзначай» он распускал и с чувственными подробностями рассказывал мне, пятикласснице, о том, как террористы насилуют девочек. Меня это страшно пугало, но я терпела и молчала — маму же нельзя беспокоить.

В 15 лет, весной, я перестала есть, за 5 месяцев похудела на 12—14 кг, при росте 172 весила 45 кг. Я пыталась сама вернуть себя в прежний режим, чтобы мама не плакала из-за меня, в итоге — булимия. Пила разные препараты, в том числе запрещенные, вес вернулся, мама успокоилась. Она не знает про мои сложные отношения с едой...

Сейчас из-за всех этих измучивших меня фобий и беспокойств стало возникать нестерпимое желание разом покончить со всем этим. Но думаю о маме и запрещаю себе... Уже даже не пугает мысль о лечении в психиатрической клинике, хочу быть растением, чтобы не чувствовать так остро все, не чувствовать страха.

...Не могу избавиться от мысли, что виновата мама — я всю жизнь не смею ее тревожить и оставляю все невысказанное в себе. Нарастает раздражение.

Не знаю, как справиться с тревогой. Очень устала...

* * *

Мне 23 года, у нас с мужем счастливый крепкий брак, работаю на дому, неплохо зарабатываю. Хотим ребенка, надеюсь, скоро забеременею.

Моя проблема такова: я воспринимаю каждую женщину как свою потенциальную конкурентку. Всегда была не особо уверенной в себе. Считаю себя хуже остальных, по природе своей я робкий человек. Стесняюсь ответить, замыкаюсь, когда меня кто-то «подкалывает», а после могу целый день ходить и думать о том, как надо было ответить. Поэтому завидую остроумным людям, которые не лезут за словом в карман.

У меня обычная внешность, вроде бы пропорциональное лицо, но я постоянно нахожу в себе недостатки. Недавно мне стало казаться, что у меня слишком большой нос, хотя раньше эта проблема меня не беспокоила. Я слишком много анализирую, кто что сказал, кто как посмотрел и т.д. Завидую людям, которые могут легко относиться к жизненным ситуациям, умеют смело отвечать собеседникам. Я же всегда чувствую себя мышью какой-то, снулой рыбой по сравнению с ними, сама себя ненавижу за трусость и робость.

При всем этом я далеко не отшельник. Я, наверное, удобный собеседник, который всегда выслушает, посочувствует и т.д. Не люблю, когда мне делают комплименты — сразу ищу в них подвох, не верю в их искренность. Когда муж говорит, что я самая красивая, умная и хорошая, мне приятно, но я не принимаю его слова всерьез, потому, что не верю в то, что я на самом деле такая. Мне кажется, он хочет меня утешить, пожалеть, чтобы я не расстраивалась.

Что касается детства, то мне никто никогда не говорил, что я красивая. В подростковом возрасте были проблемы с кожей. Родные, с одной стороны, пытались помочь (покупали мне всякие средства для лица, водили к косметологу), а с другой стороны, постоянно подкалывали, как будто я виновата в том, что у меня прыщи. Я много плакала тогда.

Как мне не обращать внимания на других людей и, глядя на красивых девушек, перестать в душе унижать себя? Как будто я виновата в том, что есть кто-то красивей, умней, успеш-

ней меня. Что мне делать со всем этим, как мне прийти в себя и, наконец, обрести внутреннее спокойствие, равновесие и гармонию?

* * *

Вот уже лет пять мучаюсь сильным неврозом, причина которого — заниженная самооценка. Думаю, все мои проблемы начались именно с нее, от внутреннего конфликта, который я вначале даже не осознавал, как бы не обращал на него внимания. Это конфликт между внутренним «отцом» (который унижает) и «ребенком» (которого он унижает и который ужасно боится унижения), конфликт, который сопровождается сильным чувством вины и страхом.

Состояние мое на сегодняшний день уже очень запущенное. В детстве я был самым неуверенным парнем в школе. Даже другие парни, которых унижали, были гораздо увереннней меня. У меня всегда был сильнейший страх быть униженным, что привело к сильным стрессам и развитию хронического невроза. Сейчас уже пару лет моя психологическая проблема настолько велика, что ею только и живу. У меня появился хронический мышечный панцирь на лице, так сказать, страх быть «уродом» реализовался внешне!

Я часто думаю, что выгляжу именно тем, кого хотят унизить и отвергнуть. У меня появилась навязчивая потребность постоянно подходить и оценивать себя в зеркале.

Мне 22 года, но мне страшно даже представить, что я могу встречаться с девушкой... А вдруг те, кто меня знает, увидят меня с девушкой... Вдруг она узнает от других, какой я, каким меня всегда считали. Дальше еще в десять раз страшнее представить повседневную жизнь с той же девушкой... Мне даже страшно завести друга, который будет хоть на грамм лучше меня... А вдруг он поймет, какой я «лох», и перестанет со мной дружить. Так и получалось в школе, в первом институте и во втором! Мне было всегда страшно, что меня могут отвергнуть однокурсники — а как известно, страх имеет свойство реализовываться: так и в самом деле получалось, и это не преувеличение!

* * *

Посоветуйте, что делать? Мне 25 лет, но я нигде не работаю, просто я очень сильно боюсь собеседований. Раньше работал, но устраивался по знакомству. Сейчас переехал жить в другой город, но уже год, как сижу дома. Я боюсь, что меня отвергнут, осмеют, что покажусь профессионально неподготовленным и т.д. Всю жизнь я был застен-

чивым, замкнутым, нигде и никогда не проявлял инициативу, был ведомым. Мне очень трудно общаться с новыми людьми, ни с кем не знакомлюсь, ощущение, что я выпал из социума. Но желание быть в нем есть. С этой проблемой я обращался к психотерапевту, он поставил диагноз: тревожная депрессия, социофобия. Я уже пять месяцев принимаю лекарства. Стало легче в общественных местах, в транспорте, но как только мне предстоит встреча с незнакомым человеком, страх и напряжение усиливаются. Мне кажется, что мой собеседник тоже чувствует, что я не такой, как все, внутренне замкнут, напряжен, и это меня еще больше угнетает. Не хочу так жить! Хочется работать, иметь друзей, новых знакомых! Врач говорит, что мне нужно переступать через свои страхи и идти на собеседование, первое, второе... десятое, нужно привыкать к этому страху общения с новыми людьми. Я вроде бы настраиваюсь, но в конце концов все равно избегаю этого. Страшно даже позвонить по телефону и договориться о собеседовании. Что мне делать?!

* * *

Моя проблема в том, что я очень боюсь своей беспомощности. Мой мозг, словно нарочно, подыскивает такие случаи, в которых я ничего не смогу сделать, и начинается страх.

Я боялась: выбрасывать ненужные вещи (потому что не смогу их потом найти на помойке), оставлять вахтеру ключи (потому что ночью он не отдаст), что-то дарить (потому что подарок я же не смогу потребовать назад), не купить днем какую-то вещь (потому что ночью уже не купишь) и т.п. Некоторые страхи я худо-бедно преодолевала, насильно заставляла себя что-то делать или не делать. Но остался страх, что я не могу, например, остановить дождь, или повернуть время назад, или еще такие же глупости. В этих случаях я не понимаю, как бороться с такими страхами. Ведь это же не мусор, который я через силу выкидываю на помойку.

Вариантов страхов много, но все сводится к одному — я что-то не смогу и буду мучиться от беспомощности...

* * *

Мне 20 лет. Страдаю около года постоянной тревогой, которая часто рационализируется страхами: жары, воды, еды, тяжелой болезни, будущего, людей (непонимания со стороны близких моей постоянной тревоги) и т.д. и т.п.

Спектр таких страхов огромен от боязни сойти с ума до опасений выпить не то. Тревога постоянная и иррациональная (к примеру, боязнь отравиться пищей, любой пищей — ведь это бред!). Часто тревога просто бессознательная и представляет из себя слепое беспокойство, которое очень мешает жить. Из-за этой слепой тревоги я стал несчастным и часто бессильным. Я так не могу!

* * *

Помогите, пожалуйста, разобраться. Моя проблема заключается в том, что я не умею себя вести в любой компании — с родными и близкими, друзьями и чужими людьми.

Все началось еще с раннего детства. Меня очень строго воспитывали родители, никуда не пускали, как всех других детей. Я полагаю, что чрезмерная строгость и стала основой моей болезни. В школе я был тихим и спокойным, хотя всегда хотел быть как все. Не имел успеха у девушек. С возрастом становилось все тяжелее, мне стало страшно смотреть в глаза людям, я себя очень неловко чувствую, когда выхожу из дома — ощущаю постоянное напряжение, мне кажется, что на меня все время кто-то смотрит, и мне от этого тяжело двигаться...

ИЗ ОТВЕТА ДОКТОРА ПАЦИЕНТКЕ

Ваши тяжелые детство и юность (отсутствие отца, болезнь матери) сформировали у вас нарушение поведения. Что лежит сейчас в основе вашего навязчивого страха потерять вашего друга? То, чего вы боялись в детстве и больше всего боитесь сейчас (остаться в одиночестве, быть покинутой). Отсюда и такая жесткая борьба за молодого человека.

С одной стороны, вы «достаете» его и своим поведением делаете все возможное, чтобы он покинул вас, с другой стороны, когда он вас покидает, вы страдаете, обвиняете во всех смертных грехах и одновременно с этим настойчиво пытаетесь его вернуть. Таким образом, возникает порочный круг. Психотерапевты пытались «притупить» ваши болезненные чувства к нему, а это невозможно, так как ваша основная проблема — страх быть покинутой и остаться в одиночестве, идущий из детства.

Вот в этом направлении и нужно работать психотерапевту и ни в коем случае не пытаться «притупить» ваши чувства.

Можно махнуть рукой на все это — больные же люди, их надо лечить — и все! Мы здесь при чем? Пусть этим занимаются врачи. Ах, как просто...

Вспомним, что считают специалисты: в нездоровье этих людей часто отправляли еще в детстве их собственные родители (иногда бабушки, дедушки, дяди, тети, старшие сестры и братья), посеяв в детских душах страхи, неуверенность в себе, чувство вины и прочие ужасные комплексы. Так может быть, подумать о том, что просто не стоит доводить детей до болезни? Своих собственных детей. Напугать маленького человека и считать это воспитанием — одно из самых опасных заблуждений, если не сказать: глупость. Конечно, так проще: рявкнуть, поставить на место, застращать злым дядей милиционером (заберет, запрет в тюрьму), детским домом (куда навсегда сдают непослушных детей), зубным врачом (который обязательно сделает больно). И немедленный эффект почти всегда налицо — испуганное и слабое существо тут же сделает то, что надо, и будет «вести себя хорошо». Сию же минуту. А потом?.. Глупцы о «потом» не думают. А мы с вами должны!

Конечно, куда сложнее доступно объяснять, разъяснять ребенку то, что ему не понятно, и даже выслушивать его мнения и возражения. Пусть они вам кажутся капризами! У детей своя логика, иногда стоит попытаться постичь ее. Ну, и если малыш уж совсем разупрямился, а времени на долгие объяснения нет, просто переключите его внимание на что-то другое. Как правило, это удается.

Думаю, у доброго «сетевого» доктора Горбатова уже набралось около миллиона грустных историй про то, как в семье из хорошего здорового ребенка лепили удобного и послушного, используя страх и чувство вины как главные инструменты воспитания. И вылепили... тысячи и тысячи больных людей. Таким родителям нечего опасаться — общество с них не взыскивает. Пока что это безнаказанно. Неподсудно.

ВЕСЬ МИР ПРОТИВ МЕНЯ

Именно так я большую часть своей жизни воспринимала действительность. Кругом враги. Они меня не любят, многие ненавидят. Конечно же поделом, я только этого и заслуживаю. Страх удивительно методично уничтожал мое чувство собственного достоинства, самолюбие самоуважение. Даже жалости к себе никакой не было. Задача была одна: защищаться от справедливо ненавидящего меня мира, чтобы выжить, чтобы оградить от напастей себя и своих близких. Где моя крепость? Где ров вокруг? Где каменная стена пяти метров высотой? Мне нужно попытаться выжить. Пусть этот мир тысячу раз прав, но пока что я не хочу умирать. Я буду пробовать выжить.

Вернемся к моим старым запискам...

ЖИЗНЬ СРЕДИ ПРИЗРАКОВ

(продолжение)

СНОВА...

Огромный перерыв в моих «записках сумасшедшего». Два месяца, опять два месяца страха. Не совсем такого, какой был прежде. Можно сравнить с остро болящим зубом (раньше) или тупо ноющей десной (теперь).

С некоторых пор я стала очень бояться людей, конкретно — их злобы. Вот оно — наказание за мою нелюбовь к людям. Так ведь разве страхом можно привить любовь к человечеству?

БОГ

«Человек, прежде всего, должен иметь страх божий... Движет ум страх божий и влечет к любви благости божьей». Это из книги «О

часе смертном». Я ничего не понимаю! Самая мучительная, самая гнусная эмоция человеческая — и является орудием, мудростью божьей? Я не могу любить такого бога! Я не хочу верить, что он — такой!

Интересно, как технически это бывает. Как приливы и отливы. Приливает волна страха, накрывает с головой и случается самый настоящий эффект накрывшей волны: полная глухота, уши залиты водой, и ничего не видно, не хватает воздуха. Вот в этом-то состоянии — ощущении полнейшей безысходности, отчаяния, одиночества — и делаются глупости, и не сделать их невозможно: самоконтроль потерян... Ну, о «глупостях» позже... Потом волна отхлынет, и наступает облегчение. Дышишь, видишь, ощущаешь. Но напряжение остается — ведь был шок, опасность утонуть, погибнуть. Вытираешь с лица пену... А сзади подкрадывается новый прилив («...и если боль твоя стихает, значит, будет новая беда» — из песни группы «Воскресенье». — Прим. авт.).

Итак, возмездие. Мне, моей семье. Я стала бояться своих слов, их перетолковывания, навета. Шло время, и я перестала уже доверять себе самой — говорила ли я нечто не то или нет? Стоило появиться сомнению, как почти сразу же приходила уверенность в том, чего не было. Опять две меня: одна знает, что не было, другая орет: «Было!» А слова мои неправед-

ные могут дойти до адресата... Противно? Мне тоже. Зато честно. Стала бояться даже своих спонтанных эмоций, которые, конечно, есть у каждого человека — и положительные, и отрицательные. Я отказала себе в праве их иметь. А поскольку это не получается, я в гневе или раздражении говорю что-то, ругаюсь. После этого начинается кошмар — сказала я нечто ужасное или нет? Безумно боюсь сама себя, вот главное наказание. Мой враг — я сама. Единственный враг, а самое обидное — непобедимый.

И еще важное: меня нынешнюю преследует Я-прошлая. Мне кажется, что слова, которые Я-та сказала бы в какой-то ситуации, а на самом деле Я-настоящая этого не говорила. Так вот, мне кажется, что я их все-таки произнесла. Молчи, молчи, молчи, пока не забудешь их, пока те черные эмоции, чувства, которые главенствовали в твоей душе все прошедшее время, не уйдут окончательно, пока душа не очистится от скверны; молчи, пока знаешь слова... Они срываются еще с твоего языка — злые, ненавистнические. Молчи!!! ...Но не получается. Я же человек. И к несчастью, эмоциональный.

Ах да, о глупостях: якобы сказав что-то, я начинаю мучиться, и тогда (эффект накрывшей волны) завожу разговор с тем (или теми), с кем уже якобы вела разговор на ту же тему и как бы «прощупываю» собеседника. В каких-то возможных ситуациях (с близкими друзьями, к примеру) я раскрываю карты без всякого прощупывания и оправдываюсь, оправдываюсь... в том, чего не было. Или было? Наверное, некоторые уже думают, что я или жуткий человек (все время есть в чем каяться), или чокнутая святая.

Становится мне легче от всего этого? Да ни фига! На мгновение, на секундочку. А потом страх, словно петля, еще сильнее сдавливает мне дыхание. Начинает казаться, что вот теперь-то я себя точно подставила. Случаи, когда я не могу ничего проверить, прощупать, особенно мучительны. Я тыркаюсь, как слепой котенок, во все возможные варианты, не находя спасения, потому что ниточки в руках нет — человек (объект) ушел, уехал, я его не знаю и вряд ли увижу еще. Так зачем его бояться? А-а-а! А случайность? А невероятная вероятность? Я стала жуть как бояться случайностей, направленных против меня. Мне стало казаться, что все невозможное, чего быть не может хотя бы по теории вероятности, сойдется и обернется против меня. Мания величия? Полноте, никто себя так не презирает, как я. Возможно, много кругом насилия, бессмысленной жестокости, крови... Слишком много для меня...

БОГ

Я не верю в божественное предопределение, в судьбу, что так успокаивает многих. Хочу поверить, хочу очень, но... Как сказал один батюшка, если истинно веруешь, то ничего не страшно, страха нет. Значит, я не истинно верую. С Богом у меня очень сложные отношения (а разве с Богом могут быть простые отношения? — по-моему, это из какого-то фильма). И вряд ли он захочет помочь мне в моем смятении (он в меня не верит). Бог считает, что «мир душевный приобретается скорбями. ...Хотя хотящим угодить Богу путь лежит сквозь многие скорби». Прям-таки, как Совдепия — через трудности тащись по жизни, через борьбу, к светлому будущему. И я должна быть прекрасным человеком со всеми этими «скорбями». Но я же не ангел, а человек. Не самый могучий, причем. Так что же — ату меня? Где же его всепрощение и милосердие? «Господь кого любит, того наказывает; бьет же всякого сына, которого принимает». Так это любовь? Не надо мне такой любви! Ведь жизнь моя — с близкими мне людьми, с моей семьей — одна, что бы там ни было дальше. А он? Наставляет, поучает, наказывает — вот все, что я поняла о Боге.

И еще одно: меня не утешает идея вечной бестелесной жизни ТАМ, с Ним, с Богом. Заглянув в себя, я поняла, что люблю эту, плотскую, землю жизнь с ее «низкими» радостями и, если уж продолжаться после смерти, то хочу дальше воплощаться в человека, в женщину. Ведь нет большего счастья, чем рожать ребенка, прижимать его голенькое тельце к своей груди, нюхать его волосики, целовать попку, словом, наслаждаться чисто физически. Я не доросла до понимания счастья в единении моей души с бестелесным богом. Поэтому слова батюшек о блаженстве вечной жизни и о том, что нынешнее мое существование лишь подготовка к ней, не доходят до меня и лишний раз убеждают в моем ничтожестве. Увы!

— Выбрось всю эту чушь из головы. Ничего нет — ты сама придумала свой ужасный мир, ад, живешь в нем, окружив себя несуществующими призраками, — говорит муж.

— А если вдруг?

— Ну, не можешь выбросить из головы, внуши себе, что весь этот кошмар ты используешь для детективного рассказа о преследуемой всеми несчастной молодой женщине. Это все сгодится тебе для будущего творчества.

— Дурак!

А кто знает, может быть когда-нибудь действительно напишу страшный рассказ о мании преследования...

Я о многом еще могла бы написать. О том, что было еще тогда, тем летом, когда я стала много ходить в церковь, как это было, что да-

ло и не дало мне... Но, откровенно говоря, я устала. Его величество Страх отъедает от меня слишком много, он становится все более ненасытным, требует все больше пищи. Я уменьшаюсь? Или меня столько же? Кто знает...

Я не хочу в дурдом, я не хочу таблеток, мне нужна рука, которая взяла бы меня крепко-крепко и вытащила, вырвала из этой трясины.

И злиться на меня, пожалуйста, не надо. Я, как Деточкин (главный герой фильма «Берегись автомобиля». — Прим. авт.), виновата, но не виновата. И я не безнадежна. Эй, кто-нибудь, дайте руку... И вам зачтется. А я хочу, все еще хочу жить и быть среди людей.

Больше всего на свете я люблю поздний вечер и ночь — благословенное время! День прошел, «ничего не произошло — лови момент» (Д. Хармс). Уже ничто не угрожает нам. А сон! Это отдохновение, блаженство! Сон меня щадит, страха там нет.

Но наступает чертово утро. И страх говорит мне: «Здравствуй, дорогая! Ну вот, мы опять вместе». Доброе утро, страх!

P.S.: Свеженькая гениальная идея! Слушайте! Все советские люди состоят из двух основных субстанций, взлелеянных в них с раннего возраста — агрессии и страха. Агрессия для того, чтобы в случае чего, ничтоже сумняшеся, уничтожить себе подобного и даже получить от этого удовольствие. А страх, понятное де-

ло, — для полного подчинения существующей власти. Что происходит с людьми, которым не до конца загадили мозги и испоганили душу? Они приходят к Богу или к своему собственному нравственному закону, и агрессия уходит из их душ (наблюдение на себе — трагическая медицина). Резервуар освободился, но добром и миролюбием он быстренько наполниться не может. Такое в нас не предусмотрено технической документацией. А свято место пусто не бывает. И туда хлынул страх! Он заполнил собой все пространство внутри человека. Результат: самоубийства, психушки, полный душевный дискомфорт. Причем, прошу обратить внимание, это удел отнюдь не самых плохих людей. Диагноз есть как будто. Теперь дело за лечением. Но тут я бессильна. Так что благодарное человечество аплодировать будет не мне. Ну и фиг с ним!

* * *

«Страх определяют как ожидание зла», — сформулировал в свое время Аристотель. Умным дядькой был этот древний грек! «Ожидание зла» — как точно сказано. Из-за того самого выгрызающего все нутро чувства вины за то, что ты был «плохим», «хуже всех», «неправильным» и прочее, возникает это самое «ожидание зла», то есть возмездия за все это. Ты понимаешь, что оно справедливо, и даже не пытаешься бороться, что-то доказывать, каяться и уверять (кого?), что все осознал, понял и просишь прощения. У кого и за что? Да у всех и за все! Ты — плохой. Весь мир совершенно справедливо ополчился против тебя и…

Читаю дневник и вспоминаю тогдашнее мое состояние. Ух, не дай бог… Особенно убивало то, что не с кем было ни поговорить, ни пожаловаться, некому поплакаться даже. И помощи ждать было неоткуда…

Уже в нынешней своей жизни я стала собирать разные истории страхов с помощью тех, кто поделился со мной, анализировать причины появления этой гадости в нашей жизни. Много воспоминаний, много боли…

А одна из историй оказалась мне настолько знакомой и близкой, будто произошла со мной — той, которая писала записки о своей «вине»…

СПАСТИСЬ НЕЛЬЗЯ ПОГИБНУТЬ

Лика торопливо спустилась в метро, поминутно оглядываясь: мужчина шел за ней шаг в шаг, след в след. Нет, надо что-то делать, как-то «оторваться» от него. Лика резко взяла вправо и оказалась стоящей в ряду старушек, торговавших носками, варежками, сигаретами, жвачками... О, боже, какое облегчение! Мужчина прошел мимо, туда, к стеклянным дверям, к эскалаторам. Лика глубоко вздохнула, закрыла глаза и дрожащими пальцами вытерла пот со лба.

— Дочка, ты чего? Тебе плохо? — участливо спросила ее бабка с носками.

Лика повернула голову и с благодарностью поглядела на маленькую старушку: надо же, заметила, что с ней что-то не так. Как же Лике хотелось броситься к этой бабушке на шею, завыть, зарыдать, попросить о помощи... Но Лика прекрасно понимала, что такое поведение может кончиться вызовом специальной психиатрической ско-

рой помощи. Если она только начнет объяснять незнакомым людям, отчего ей так плохо...

Поэтому Лика принужденно улыбнулась, облизнула пересохшие губы и сказала деланно бодрым голосом:

— Ой, да ничего страшного, немножко голова закружилась, уже все нормально! — и деланно весело зашагала в глубь подземки.

И на самом деле ей стало значительно легче: мужчина шел не за ней. Ей опять показалось, зря показалось. На сей раз миновало. Пронесло. Как, впрочем, проносило всегда. Но чем чаще все заканчивалось хорошо, тем больше Лика боялась: казалось, что с каждым днем неизбежное все ближе, круг сужается, и Оно случится.

Через полчаса Лика была уже дома. Пока она снимала пальто, сапоги и разматывала свой длинный шарф, свекровь стояла рядом и докладывала по пунктам, что ел Димка, как спал, как сходил в туалет... Димка тем временем неотрывно смотрел свои любимые диснеевские мультики, хохотал и повизгивал от восторга.

— А звонил кто-нибудь? — с замиранием сердца спросила Лика у свекрови, перебив ее отчет о Димкином стуле.

— А... Э... Звонил? — смешалась перебитая на самом интересном месте Димкина бабушка. — Ну да... Был какой-то звонок пару часов назад...

— Кто? — вскрикнула Лика, вздрогнув. — Кто? Что сказали?

— Эм-м-м... — протянула свекровь. — Я не знаю... Не спросила...

— Ну как же! — застонала Лика, до боли сжав кулаки. — Я же просила!

— Ну, прости! — свекровь обиженно поджала губы. — Я была слишком занята Димочкой. — Она сделала особенный упор на слове «слишком».

Лика тяжело вздохнула, осознав, что весь этот вечер она будет думать о том, кто и зачем звонил. Будет психовать, мучиться, не умея отвлечься. Попробуйте не думать о... розовом слоне.

Лика всегда была очень «правильной» девочкой, с самого детского сада. Там воспитатели не могли нарадоваться на умненькую, послушную, начитанную, веселую девочку. Ей всегда давали главные роли в групповых постановках, на Новый год она неизменно была Снегурочкой, а не какой-то там снежинкой...

В школе ее социальная роль не поменялась: отличница, заводила, командир «звездочки», командир отряда... Учеба давалась легко, одновременно она ходила в танцевальную студию, где у нее тоже все получалось. Жизнь обещала быть радостной и легкой, доброй и светлой.

Но с четвертого класса все изменилось — неожиданно и страшно. Лика болезненно пережила переход из младшей школы в среднюю: теперь была не одна учительница, которую Лика обожа-

ла, а много разных, по всем предметам. И многие преподавательницы были совсем не такие красивые и добрые, как та. Лика остро переживала все первое полугодие, вздрагивала от «чужих» голосов других учительниц, не могла им простить, что они не такие, как ее первая...

В общем, Лика немного «съехала» в учебе. Дневник запестрел «четверками». И тут выяснилось... Такое выяснилось!

Оказывается, мама любила Лику только отличницей! Когда у дочки появились другие оценки кроме пятерок, она узнала, какой может быть мама, как она может разговаривать с Ликой. И это был шок!

— Моя дочь не может плохо учиться, — взгляд жесткий, голос ледяной.

— Но мама, — пыталась оправдаться Лика, — у меня же нет двоек, даже троек нет!

— По-твоему, иметь столько четверок не стыдно? — В ледяном мамином голосе зазвучала еще и недобрая насмешка. — У меня никогда не было никаких оценок, кроме «отлично». Неужели ты считаешь, что моя дочь может учиться иначе? Моя дочь? — И мама с брезгливым удивлением поглядела на Лику, как будто была не совсем уверена в том, что она ее мать.

Но ужас на этом не закончился. Вскоре выяснилось, что танцами Лика заниматься больше не сможет: у нее стали сильно болеть ноги из-за плоскостопия, и ортопед запретил такие на-

грузки. Когда они вышли от врача, мама тяжко вздохнула и, бросив на Лику недовольный взгляд, тихо произнесла:

— И тут полный непорядок. О, господи!

Дома Лика слышала, как мама сказала папе:

— И что теперь делать? Куда ее приткнуть? Неужели она ни к чему не способна?

Лика затаила дыхание. Папа промолчал. Наверное, как обычно, раздраженно пожал плечами. Лика заметила, что в последнее время, когда мама жаловалась ему на нее из-за четверок, папа чаще отмалчивался, но было очевидно, что он раздражен, так как время от времени бросал на Лику сердитые взгляды.

Все в доме стало по-другому. Жизнь изменилась кардинально. Мама из доброй и ласковой превратилась в холодную и равнодушную. Она теперь меньше разговаривала с Ликой, да и голос ее стал сухим и трескучим, как осенний лист под ногами. Иногда Лика ловила на себе мамины взгляды, полные то ли недоумения, то ли брезгливости... Может, Лике это и казалось, ведь с некоторых пор ей стало мерещиться очень многое...

Девочка теперь постоянно вглядывалась в мамино лицо, пытаясь уловить в нем оттенки настроения, сиюминутное отношение к ней, к Лике. Она все время пыталась угодить маме, по крайней мере — не расстроить, а потому стала до паники бояться плохих отметок. В кате-

горию «плохие отметки», естественно, попали четверки, потому что троек и, тем более, двоек у Лики не бывало. А без «четверок» не получалось никак! И потому каждый день Лика шла домой с тяжелым сердцем, с трудом сдерживая слезы. Она знала, что мама спросит про отметки и, услышав ответ, подожмет губы, дернет плечами и замолчит...

Шли месяцы, закончился этот ужасный учебный год. Как всякий ребенок, Лика надеялась, что все изменится к лучшему, что в пятом классе все как-то само собой успокоится и станет, как прежде... Напрасно она так думала.

С самого начала сентября Лика поняла, что все идет по-старому, если не хуже... Летом Лика жила на даче с тетей и ее детьми, маму видела мало, редко. Когда она приезжала, вокруг все время была родня, а потому Лике не очень было понятно, как мама к ней сейчас относится. В сентябре стало очевидно, что мама все еще не простила Лике ее «провалов». Напротив — взгляд мамы стал еще жестче, голос холоднее. А вот четверки в Ликином дневнике никак не переводились. Из-за этого Лика стала сильно нервничать, а от страха у нее все мешалось в голове. Она даже запросто могла забыть то, что прекрасно знала накануне, и в результате — ответить у доски не очень хорошо. Могла со страху и в контрольной что-то напутать.

— Не понимаю, с тех пор как ты не занимаешься танцами, у тебя масса свободного времени. Почему нельзя как следует учиться, готовиться к урокам? — ужасно раздраженно спрашивала мама.

Лика не знала, куда деваться от стыда и ужасного чувства вины перед мамой. В общем, Лике казалось, что с каждым днем ее жизнь становится все печальнее... А вокруг люди жили по-прежнему нормально и весело. Все люди, весь мир... кроме нее и мамы. Мамин взгляд теперь бывал только скорбным, даже больным. Когда она смотрела на Лику, то поджимала губы и, казалось, вот-вот заплачет. Часто мама демонстративно принимала успокоительные или сердечные капли. Лика знала: это все из-за нее. Именно она ответственна за мамино ужасное самочувствие, именно она сделала прежде веселую маму такой грустной и несчастной. Бремя вины неподъемным грузом навалилось на плечи одиннадцатилетней девочки.

Месяц шел за месяцем, кончался очередной учебный год. Лика уже не боролась за пятерки, это было бесполезно, она окончательно «съехала» с отличницы на хорошистку. Ежедневно с самого утра Лика терзалась одной мыслью: мама опять из-за нее будет страдать. И девочке ужасно хотелось... исчезнуть, перестать существовать. А зачем жить на свете такой дочке, из-за которой несчастна мама?

Лика уже не была прежней веселушкой и заводилой. Она смотрела на мир и людей исподлобья, мрачно и грустно. Ее не узнавали ни учителя, ни подружки. Постепенно Лика отдалялась ото всех, замыкалась в себе и даже... становилась злой. Постоянное нервное напряжение настолько измотало ее, что она стала раздражаться на всякие пустяки, вроде возни подружек, их хихиканья и глупых разговоров. Она могла рявкнуть на них, обозвать «идиотскими дурами», что, естественно, не укрепляло отношений с девчонками. Ее раздражали люди на улице, особенно почему-то толстые крикливые тетки. Когда она видела таких, ей ужасно хотелось подойти к ним и изо всех сил ударить кулаками в жирный живот. Иногда это желание было настолько сильным, что аж кружилась голова и перехватывало дыхание. А кулаки сами собой сжимались крепко-крепко!

Однажды Лика задумалась: отчего же именно эти жирнюги так ее бесят? И будучи девочкой неглупой и умеющей анализировать, вдруг поняла: эти тетки ассоциируются у нее с училками, которые все, как одна, почему-то были крикливыми и толстыми. А ведь все ее проблемы из-за них! Как же она их ненавидит! Это они ей ставят ненавистные четверки! Во всем они виноваты!

«Они... и я сама, — признавалась себе Лика. — И они — гадины, и я тоже». А потому себя Лика ненавидела ничуть ни меньше.

Характер у Лики портился на глазах. Она стала желчной и недоброй не только в школе. До ужаса уставшая от своих переживаний и чувства вины, девочка иногда даже дома огрызалась или говорила какие-нибудь гадости, вроде: «Я этих жирных училок с удовольствием расстреляла бы!» Всегда после этих слов начиналась буря! Родители обвиняли ее во всех смертных грехах.

— Ты ужасный, ужасный человек! — кричала мама, заламывая руки. — Как я могла родить такое злобное существо!

— Да уж, — вторил ей папа, качая головой. — Откуда только берутся такие человеконенавистницы?!

— Тебя жизнь накажет, — грозила ей пальцем мама. — Вот увидишь, будешь таким ужасным человеком, получишь от жизни по полной программе. И люди тебя будут ненавидеть.

— И кому же захочется быть рядом с таким мрачным пессимистом и мизантропом? Останешься одна, — пророчил папа.

— Это еще ничего, если просто одна! — поддерживала мужа мама. — А то ведь она как посмотрит волком на кого-нибудь, как откроет свой рот, из которого жабы прыгают, так ей могут и врезать как следует, и будут правы.

Мама так легко и непринужденно заранее оправдывала тех, кто может врезать Лике, что та скоро уверовала: если ее ударят или даже убьют, это будет справедливо. А родители у Лики — святые, ведь они ее не бьют, сдерживаются, хотя она вполне этого заслуживает, и любые другие мама и папа уже сто раз всыпали бы ей ремнем — и были бы правы.

Шли годы. Уже скоро Лика должна была закончить школу. Стало ясно, что блестящего аттестата она не получит, а будет обыкновенный «четверошный». Лика под давлением родителей решила поступать в полиграфический институт на редакционно-издательский факультет. По большому счету ей было все равно. Лика выросла в мрачную, чуть сутуловатую девушку, с бледным лицом, почти не улыбающуюся. Прозвища «мрачный пессимист» и «злобный мизантроп» (почему-то в мужском роде) закрепились за ней в отчем доме. Ну и пожалуйста! Она не возражала. Ведь на самом деле мир — паршивый, люди — гадские, жизнь — мерзкая.

В минуты воспитания мама продолжала внушать дочери, что за человеконенавистничество жизнь наказывает, и очень сильно. И люди наказывают — своим отношением и даже поступками. И их нельзя осуждать, ведь трудно и даже невозможно терпеть, а уж тем более любить такое чудовище, в которое выросла Лика. Девушка не спорила, выслушивала уже набившие оскомину предсказания всегда молча и лишь иногда недобро усмехалась: интересно, что это ей могут сделать эти самые люди, если она с ни-

ми и дел-то никаких не имеет, лишь иногда что-то скажет едкое или обзовет как-нибудь кого-нибудь — что в этом такого? Вот и все, что она делает миру плохого. Мир к ней куда более жесток.

— Так он потому к тебе и жесток, — кричала на нее мама, — что ты вечно со свороченной от злобы рожей и жабами, прыгающими изо рта! Людям надо улыбаться, мир надо любить! — вдохновляясь, мама уже орала. — А ты просто крокодил какой-то!

Похоже, родители на самом деле считали ее хуже каких-нибудь преступников, воров и даже убийц.

Характер у Лики не улучшился, скорей, наоборот. Нет, она по-прежнему своими поступками не делала никому ничего плохого. Все ее преступления заключались в злоязыкости и мрачности, что было, то было. И по-прежнему мама криком внушала дочери, что так просто это ей не пройдет, жизнь ее, ого, как накажет. Лика очень любила маму и продолжала страдать из-за того, что так портит ей жизнь, но все слова про «наказание» уже воспринимала как фон, не реагировала на них и пропускала мимо ушей. Это она думала, что пропускала...

Потом Лика училась в институте, где удивительным образом сумела влюбить в себя очень даже симпатичного парня с параллельного потока.

— Фантастика! — поражалась мама. — Как он мог заинтересоваться тобой, такой вечно злобно-неулыбчивой? Что же ему в тебе понравилось-то? — Мама с огромным недоумением разглядывала дочь, не находя в ней никаких изменений к лучшему.

Лика тоже не знала и не понимала, чем она прельстила Игоря, но факт оставался фактом: парень стал ходить за ней по пятам буквально с первых дней первого курса. А парень-то — видный и умница! В общем, нечто странное и непонятное.

— Что ж, держись за него, — вздыхала мама. — Когда еще такого дурака найдешь, чтобы на тебя польстился.

Лика не возражала. Она тоже думала, что никто и никогда более не обратит на нее внимание... Ведь в институт она поступила с трудом, едва-едва набрав проходной балл. В вузе ничем не блистала. В общем, весьма средних способностей студенточка. Красоты у нее никакой сроду не было: так, середнячок серенький. Лика была страшно удивлена, когда Игорь сказал ей, насколько она интереснее прочих девчонок в институте.

— Ты только улыбайся почаще, — ласково напутствовал ее юноша. — Тебе так идет улыбка! У тебя тогда черт-те что с глазами творится, можно сдохнуть от одного твоего взгляда!

— Сдохнуть? — смеялась Лика. — Я — Медуза горгона?

— Ну... я плохо сказал... В смысле — от красоты твоих глаз!

Рядом с Игорем Лика и впрямь стала больше улыбаться, смеяться, и вообще жизнь как-то начала налаживаться, вроде не таким ужасным оказался мир, не такими противными люди...

Лика и Игорь поженились, родители общими усилиями справили молодым кооперативную квартиру. Ребята окончили институт, Игорь нашел прекрасную работу, а Лика забеременела. И меньше чем через год после свадьбы у них родился Димка.

Недолгим оказался светлый и спокойный период Ликиной жизни. Он закончился в тот день, когда родился сын.

Уже в роддоме с Ликой стало происходить что-то странное... Внутрь ее организма будто бы проник жуткий холодок. Хотелось все время греть себе живот чем-то теплым. Но это был не физический холод, Лика это понимала. Что-то другое, очень таинственное...

Между кормлениями молодая мама сидела на неудобной больничной кровати, свесив ноги и не доставая ими пола (койки какие-то странно высокие!), обеими руками держалась за живот, кусала губы и думала, прислушиваясь к себе: что это с ней? Что за странные ощущения?

На второй или третий день до нее дошло... Это было так внезапно, сильно и... больно, что она даже охнула, еще крепче сцепив руки на животе и даже скрючившись.

— Тебе плохо? Позвать врача? — всполошились соседки по палате.

— Нет-нет, — хриплым голосом остановила их Лика. — Все нормально, это так, спазм...

Теперь она знала точно, что с ней происходит! Это был... страх. Ужасный, жуткий страх!

Как только Лика услышала первый Димкин писк, она поняла, что любит это существо так, как не любила никого и никогда! И что этот малыш теперь — самое главное в ее жизни. Это понимание она восприняла как счастье, которое продлилось... всего пару дней. Вслед за этим пришел холодок, тайну которого Лика только сейчас сумела разгадать: холодок ужаса за Димку. Страха перед всем жутким миром, который опасен для ее ребенка. Ужаса перед всеми людьми, которые конечно же могут быть угрозой для мальчика.

С того момента и начался непрекращающийся кошмар. Вдруг вспомнились и будто ожили все мамины слова. Они приняли облик головастиков с прямыми конечностями, которыми они противно шевелили, стуча при этом, как молотками. Мерзкие конечности выстукивали слова: «жизнь тебя накажет», «люди тебя накажут», «ты — плохая, злая, мизантропка», «мир тебя не примет и не простит». Много лет мама вбивала в голову Лике именно эти мысли, и, хотя

Лика привыкла к ним, как к шуму машин на улице, выяснилось, что они накрепко засели в голове и теперь предстали в таком фантасмагорическом виде. Теперь мамины слова и пророчества не выходили из головы ни на минуту, стучали в мозгу денно и нощно.

Что такое для нее теперь «жизнь накажет»? Это если что-то случится с Димкой. А случиться что-то может только по ее вине. Потому что она — плохая. Потому что мир должен ее наказать за все! За что? Да за все! За то, что она мизантропка, за неулыбчивость, за все ее ядовитые и недобрые слова в адрес разных людей. За плоскостопие и четверки. За то, что едва поступила в институт. За справедливое раздражение на нее людей... Разве это можно простить? Именно об этом ее и предупреждала мама. Добрая и мудрая мама именно это имела в виду. А она, идиотка и скотина, не слушала, не верила. Вот оно и пришло, настало, случилось. Пришло время расплаты. И расплата будет страшной. Димка... Димочка... Родной малыш...

Неделя шла за неделей, кошмар не прекращался. Из-за постоянного стресса у Лики очень быстро пропало молоко. Через пару месяцев после родов Лика весила уже на пять килограммов меньше, чем до беременности. Страх съедал ее изнутри. Она стала похожа на тень.

— Вот опять ты какая-то черная! — сетовала мама. — У тебя такое чудо — Димка, а ты

снова будто уксусу напилась. Не понимаю, — фыркала она презрительно.

Игорь видел, что с женой что-то не так, пытался с ней поговорить, жалел ее... Но ведь Лика не могла ему признаться в том, что если с Димкой что-то случится, то виновата будет она! Не могла! Ведь тогда он ее возненавидит и будет прав. Придется ему рассказывать, какая она плохая и как мир должен наказать ее. Непременно должен!

К Димкиному году Лика была похожа не обтянутый кожей скелет. Как у нее хватало сил на то, чтобы заниматься дома хозяйством, таскать на руках подрастающего бутуза, готовить еду, мыть посуду, стирать, убирать? Загадка. В чем только душа держалась... Секрет заключался, наверное, в огромном чувстве долга, который у Лики был чуть ли не сильнее чувства вины, а молодой организм еще мог многое вытерпеть и вынести.

Иногда на какое-то время пожар в ее душе стихал. Будто после сильнейшего ветра, урагана, бури наступало полное затишье, когда ни одна травинка не колышется, ни одна веточка на дереве не хрустнет... В этой абсолютной тишине Лике хорошо думалось. Поэтому во время затиший она сумела все понять о себе и о своих кошмарах. Это нездоровье и только оно. Возможно, что-то вроде послеродовой депрессии, хотя шут его знает! Надо бы к врачу... К какому? Где его взять? Да, может, и не надо, все вроде само собой затихло... Никто не будет ее наказывать, никто не собирается сводить с ней счеты! За что? Кто? С какой стати? Кто и почему может угрожать ее Димке? Во время затиший она даже смеялась сама над собой, паникершей. Какой, право, бред! Представляла себе, как кто-то подкрадывается к коляске и... это некто, кого она обидела много лет назад. Ну, умора же!

Однако затишья длились недолго. Через короткое время кошмар начинался вновь. И опять в воспаленном Ликином воображении некто крался за ними, когда они с малышом были на прогулке в парке, крался, прячась за деревьями, чтобы она, Лика, не заметила его. Злодей ждал момента, когда она отвернется, отвлечется, он тут же подскочит и... Дальше Лика вскрикивала от собственных мыслей и картинок в голове. Она ускоряла шаг по аллее и, поминутно оглядываясь, почти бежала из парка, вцепившись до синевы пальцев в ручки коляски.

Страхи приобретали причудливые формы. Кто-то крадет младенца, чтобы исчезнуть навсегда... Маленькое тельце терзают прямо в коляске... Малыша специально заразят неизлечимой болезнью...

Через некоторое время вновь приходило затишье, и Лика вдруг снова ясно поняла, насколько глупы и нелепы ее страхи! Какие прежние плохие слова, какая такая ее вина перед кем-

то?! Ну, маразм же полный! Где эти люди, кто что помнит? Да кому вообще она нужна? Вновь стало казаться, что пришло избавление. Лика решила, что может не бояться прихода очередной волны паники, она знала, чем ее урезонить. Но она не знала, сколь изворотливы и умны страхи. «Ах, ты успокоилась насчет прошлого? Окей! Подумай о настоящем!»

Следующая волна паники, накрывшая Лику с головой, принесла другие разговоры. О прошлом Лика больше не беспокоилась. Но ведь есть настоящее! Разве она так уж изменилась со времени своей юности? Разве она не такая же мерзкая, как раньше? Разве не так же бесит окружающих? Разве не ядовит и остер ее язык по сей день? Значит, бояться нужно не далекого прошлого, а очень даже близкого настоящего. Близкое настоящее — интересное получилось словосочетание... Именно оно и застряло в голове у Лики.

Дальше начался подлинный ужас. Пожалуй, ужас — слишком мягкое слово... Нечто, не поддающееся описанию. Теперь Лика предпочитала молчать, всегда молчать, если она была среди людей. Улыбаться совсем не получалось, да она уже и не пыталась. Все равно поздно... Лика с трудом выдавливала из себя «да», «нет», «надо же», «что ты говоришь» и старательно держала в памяти каждое свое слово. Чтобы не сболтнуть лишнего. Чтобы ненароком не обидеть и не разозлить собеседника. Иногда для верности она до крови закусывала губы. В общем, стала молчаливой и вновь очень мрачной. И еще дико уставшей, ведь так трудно постоянно стараться держать в голове каждое слово всех разговоров с кем бы то ни было.

Телефон стал сущим кошмаром — ведь трудно и невежливо было бы отмалчиваться, приходилось говорить. Много, слишком много для ее памяти. Невозможно было удержать в голове весь этот поток слов. Но вскоре Лика нашла выход. У нее был маленький диктофон... Теперь она всякий раз, беря трубку, нажимала на кнопочку «Запись». Самое смешное (если можно вообще говорить о смехе в этой ситуации), что, записав разговор, она даже не всегда его потом прослушивала, потому что уже успокаивалась от наличия записи. «Что же получается? — анализировала Лика. — Значит, я абсолютно уверена, что ничего такого не говорю, никого не ругаю, не обижаю и не язвлю? Тогда я должна успокоиться и выбросить весь этот бред из головы!» Но не получалось. Лика не могла с собой справиться.

Теперь страх уже совсем не отпускал ее. Она боялась постоянно, все время, боялась людей и мира, которые непременно и справедливо должны ее наказать, свести с ней праведные счеты. Димке исполнилось три года, а для его мамы будто бы прошли десять тяжелых, мучительных лет.

Лика стала иногда умолять маму или свекровь посидеть с Димкой, чтобы ей «проветриться». Она чувствовала, что задыхается дома, что страхи густо и плотно окружают ее и очень тяжело продираться сквозь них, находясь в квартире. Она физически ощущала дурной запах страха, распространившийся по всей квартире. Поэтому-то так душно и смрадно в доме. Она часто проветривала квартиру, таская Димку из одной комнаты в другую, чтоб его не продуло. Но проветривание помогало ненадолго.

Порой мать или свекровь приезжали, ворча. Не очень-то они любили с внуком сидеть. Особенно забавно бывало, когда мать говорила:

— Неплохо бы тебе на работу выйти, там и проветришься, в себя придешь, засиделась ты дома, похоже...

— Интересно, — усмехалась Лика. — А кто с Димкой будет сидеть? Вас, бабушек, раз в месяц едва допросишься.

— Вообще-то существуют детские сады, — как ни в чем не бывало отвечала мама, прекрасно зная, что Лика никогда не отдала бы Диму в садик. Никогда. — Да и няню нынче найти можно, — смягчала удар мама.

— Няня — это слишком дорого, — цедила сквозь зубы Лика, давая понять, что разговор окончен.

На самом же деле она даже представить себе не могла, что может выйти на работу! И не только из-за сына... Ведь на работе — сплошное общение, бесконечные разговоры о чем-нибудь. Разве можно хоть что-то там проконтролировать? А для диктофона никаких кассет сроду не хватит, все записывать. Фу, какой бред, придет же такое в голову — на работу с диктофоном...

И все-таки бабушки изредка приезжали посидеть с внуком. Лика уходила... Куда? Иногда ходила в парикмахерскую — подстричься или подкраситься (много седых волос появилось у нее в последнее время), иногда к маникюрше... На это нужно было совсем немного времени. Остальные часа три Лика просто бродила по городу, заходила во все подряд магазины, смотрела на людей, детей, собачек... Ей становилось немного легче, вроде бы... Вообще, в толпе людей она чувствовала себя лучше. Ведь в этой толпе она была одна, незнакомка и почти невидимка. «Какое счастье, когда на тебя никто не обращает внимания, — радовалась в эти минуты Лика. — Не надо ни с кем разговаривать, подбирать слова, напрягаться и что-то там стараться запомнить. Облегчение... Почти покой. Целых несколько часов отпуска от напряжения и страха».

...Но сегодня случилась беда. Страшная, непоправимая. Когда Лика расслабленно гуляла по улицам, она вдруг увидела будку — не будку, киоск — не киоск с вывеской «Адресное бюро». В общем, раньше этой штуки здесь не было. «Хм,

интересно... — подумала Лика. — Это место, где дают адреса? Чьи адреса? Зачем?» И тут на последнем вопросе Лику будто бы пронзила молния: ее могут найти! Кто угодно, когда угодно!! Даже те, кто был в ее жизни давно и кого она уже в принципе не помнит!!! Вот есть адресное бюро. Любой, кто имеет на нее зуб за... ну, известно, за что, теперь легко сможет отомстить, ведь он легко узнает в этом чертовом бюро ее адрес и... Что он сделает с Димкой?!!

Лика застонала и закачалась от ужаса. Ее бросило в жар, горло моментально пересохло, ноги стали ватными и едва держали ее худенькое тело. Как же она раньше о таком не знала? Выходит, ее ребенок совершенно беззащитен. Даже за совсем давние Ликины грехи могут теперь изувечить и даже убить Димку. Все кончено — нет спасения, нет укрытия.

Почему она все время думала, что пострадать может сын, а не она? Это же так очевидно! Потому что ее собственная жизнь не стоит ничего, за нее и беспокоиться нечего. Если бы не Димка, она ничего не боялась бы — да пусть с ней делают все, что угодно! И понятно дело, всем известно, что страшнее наказания для матери, чем беда с сыном, ничего нет и быть не может. Поэтому и мир, и люди будут наказывать, причиняя вред Димке...

Адресное бюро... Какое право имеет существовать такое бюро! На каком основании какое-

то там бюро может давать кому попало ее адрес? Как они смеют?

Но что ж попусту злиться? Имеется такой факт, с ним нужно смириться. Смириться с тем, что Димке грозит смертельная опасность? Нет, она должна знать, как технически все это происходит, насколько просто отыскать в огромном многомиллионном городе ее, Лику.

Она на негнущихся ногах подошла к окошечку будки.

— Здравствуйте! — Ее голос звучал тихо и заискивающе. Жирная тетка (опять, опять!) подняла на нее равнодушно-снулый взгляд и едва заметно кивнула. — Как я могу узнать адрес человека?

— Имя, фамилия, отчество, дата рождения и место рождения, — заученно отчеканила тетка.

— А... без даты рождения?

— Нет.

— А... без места рождения?

— Нет.

— Спасибо! Спасибо, — пробормотала Лика, пятясь от будки почему-то немного боком.

Она почти бодро зашагала по улице, хотя кусочек паники еще метался у нее по телу, причиняя некоторую боль то сердцу, то желудку, то голове... Но теперь она хотя бы могла дышать, вернее, вздохнуть полной грудью. В тот момент, когда она увидела адресное бюро, дыхание так перехватило, что глубоко не дышалось, только мелко и быстро. От того и кружилась голова... Удивительно, но ей стало чуть легче: все-таки требуется очень много сведений для того, чтобы найти человека. Есть шанс, что у них не получится... Если учесть, что родилась она не в Москве...

Не успела она додумать эту мысль, как боковым зрением заметила мужчину, который явно следовал за ней, почти рядом, почти шаг в шаг. Лика повернула голову влево и встретилась с внимательным взглядом. Очень внимательным. Слишком внимательным... Лика похолодела. Он смотрит на нее, идет за ней. Зачем? Почему? Что ему нужно? Она его явно не знает? Или не помнит? Лика ускорила шаг, и мужчина тоже. Все, это конец! Вот оно и наступило, пришло — возмездие. Не напрасно так долго она мучилась, не зря боялась! Хорошо, что она была к этому готова, а не жила спокойно, раззявив рот и не следя внимательно за тем, что происходит вокруг.

Что теперь главное? Теперь главное — оторваться, чтобы он ее потерял и не смог идти за ней до самого дома. Нельзя, чтобы он узнал, где она живет. Ведь он именно для этого за ней и следит!

Лика торопливо спустилась в метро, поминутно оглядываясь: мужчина шел за ней шаг в шаг, след в след. Нет, надо что-то делать, както отделаться от него. Она резко взяла вправо и оказалась стоящей в ряду старушек, торго-

вавших носками, варежками, сигаретами, жвачками... О, боже, какое облегчение! Мужчина прошел мимо, туда, к стеклянным дверям, к эскалаторам. Лика глубоко вздохнула, закрыла глаза и дрожащими пальцами вытерла пот со лба.

— Дочка, ты чего? Тебе плохо? — участливо спросила ее бабка с носками...

Свекровь наконец ушла. Лика на автомате покормила отчего-то раскапризничавшегося Димку и отправила его в комнату играть, а сама бессильно села на кухонную табуретку. Паника не унималась. Кто был тот мужчина? Что ему было нужно? И вообще: с чего это она взяла, что слишком много сведений нужно для того, чтобы узнать, где человек живет. Тоже мне — бином Ньютона! Если уж кому-то понадобится ее найти, то эти сведения собрать совсем не сложно. Значит... Значит... Значит, она не может никак обезопасить своего сына! Значит, кто угодно даже из прошлого может наказать ее. Значит, весь мир легко может наказать ее! И правильно сделает! Она плохая. Хуже всех. Она заслужила. Заслужила, причем самое страшное наказание — Димкой. Нет, это невозможно вынести, невозможно пережить!

Лика громко застонала и буквально сползла на пол. Она выла, будто случилось что-то непоправимое, страшное. Она била себя кулаками по голове, царапала ногтями щеки... Такой ее и застал пришедший с работы Игорь.

— Что случилось, милая, что с тобой? — заорал он и бросился к ней на пол, схватил за руки, не давая царапать лицо.

Лика вдруг замолчала и внимательно посмотрела прямо на Игоря. Он испугался и отпрянул от нее: в ее глазах было столько боли и ужаса, что невозможно было выдержать.

— Дорогая моя! Ну что с тобой происходит? — Он уже почти плакал от жалости, кляня себя на чем свет за все свое бездействие последние годы: ведь он видел, что с его любимой женой происходит неладное, но ничего не делал! А она молчала и на редкие его вопросы лишь бросала: ничего страшного, просто устаю, голова болит, все нормально. А он, болван, верил. А с ней творится что-то страшное...

Неожиданно Лика совершенно спокойным, только немного хриплым голосом четко произнесла:

— Я больше не могу. Я больна. Помоги найти мне врача.

И потеряла сознание...

* * *

Такая вот история... Замечу: все это происходило еще в доинтернетовскую эпоху, в самом конце 80-х. Это чтобы не было вопросов об адресном бюро...

Слава богу, для Лики все завершилось более-менее благополучно: ей нашли хорошего врача, подлечили. Не сказать, что она в полном порядке, иногда ее «колбасит», как теперь принято выражаться, но жить можно. С сыночком все в порядке, окончил университет и уехал на стажировку за границу. Лика успешно работает в издательстве.

Мне довелось узнать мнение ее лечащего врача про эту историю — мы как-то оказались вместе в гостях — я как подруга хозяйки дома, а он как коллега ее мужа. Так вот, врач сказал, что Лика никакая не сумасшедшая (этот термин вообще не употребляется в медицине), ее интеллект весьма высок, а болезнь — не безумие (это тоже не научное слово). Ведь Лика в действительности прекрасно отдавала себе отчет в том, что с ней что-то не то. Почему это с ней случилось? Лика с детства была впечатлительным и легко ранимым человеком, таких не так уж мало. И если бы не «умная» самолюбивая мама, никаких бы отклонений в психике ребенка не произошло. Росла бы веселая, ну, эмоциональная девочка, с которой надо было быть деликатными и бережными, прежде всего, именно родителям. Все могло быть по-другому... Но родная мама не нашла ничего лучшего, как намертво вбить в голову своей хорошей и веселой дочери разрушительное чувство вины и убеждение чуть ли не порочности ее поведения. Ведь почти ежедневно девочка слышала, что она плохая, и весь мир ее не может любить, а жизнь непременно накажет. Так очень простым способом мамаша изуродовала психику собственного ребенка. И еще врач добавил, что история эта вовсе не исключительная — таких Лик только в его практике более сотни.

Каждое живое существо постоянно решает для себя главный «синтаксический» вопрос бытия: где поставить запятую в формуле жизни и смерти «Спастись нельзя погибнуть». Нередко правильный ответ зависит от самых близких. Давайте же поможем тем, кто рядом, правильно писать формулу бытия.

Детские страхи (из рассказов знакомых и друзей)

«Я боялась насилия. Опасалась, что меня будут бить.

Боялась войны или что меня сожгут в каком-нибудь концлагере, и боялась стать предателем.

Я до школы сидела дома одна. И иногда становилось страшно, что никто уже домой не придет. И что вообще вдруг на свете уже никого нет, а я тут сижу под замком... Вглядывалась в город, разглядывала машины и людей. Становилось легче. Но страх одиночества остался. И сейчас боюсь одиночества: вдруг от меня все отвернутся и бросят... Я же, в сущности, никому не нужна, муж терпит из чувства долга...

Я боялась огня. У нас была печка, мне объяснили, что если уголек из печки выпадет, от него загорятся пол, шторы, весь дом... В общем, к печке нельзя притрагиваться. Однажды брат затопил печку и пошел за водой к колодцу. А я так испугалась пожара, что схватила кочергу и выбила окно... Пришли родители, обнаружили дырку в окне (хотя мы его прикрыли шторой), и мама сказала: «Сейчас попой твоей дырку заткну». И я представила, как мною затыкают дырку в стекле, как стекло режет мою кожу, мясо, как из меня течет кровь. Испуг был нешуточный — я плакала, просила прощения.

Страх насилия в смысле побоев еще в детстве перерос в страх изнасилования. Тем более, всякие страшилки и случаи из жизни на эту тему слышала много раз в кругу семьи, а позже и девчонки рассказывали. В результате стала бояться секса как такового. И побежала замуж за первого, кто позвал, только бы не изнасиловали. А потом терпела пятнадцать лет, как нелюбимый муж фактически насиловал меня на законных основаниях».

АПОКАЛИПСИС В ГОЛОВЕ

Кто по горло сыт страхом, не голоден до впечатлений.

Станислав Ежи Лец

Когда я перечитывала и «набивала» в компьютер следующую часть моих записок из прошлого, то просто сгорала от стыда... Я даже подумывала, стоит ли демонстрировать читателям свою былую глупость и пафосность. Но решила, что не помешает. Ведь уже убежденный (надеюсь) в моем нынешнем здравомыслии читатель сможет увидеть, в каком ужасном состоянии я тогда находилась. Мне действительно тогда отказывали и ум, и логика, и здравый смысл. Боже, какие только умозаключения (правильней сказать, глупозаключения) я ни делала, как распространяла свой душевный непокой, свои страх и боль на весь мир, на все человечество, почему-то полагая, что у всех людей должны быть те же проблемы, что и у меня, что всем плохо и страшно, и миллиарды ищут выход из тупика... Почему мне так казалось? Наверное, от ощущения одиночества, космического одиночества в своих персональных кошмарах. Я пыталась разделить свою боль со всем светом, лишь бы мне хоть чуточку полегчало. В общем, как говорится, смешно и неудобно... Смешно? Возможно, вы не будете надо мной смеяться, а просто посочувствуете человеку, находившемуся в лапах страха, приобретшего в его сознании вселенские масштабы.

НЕ ХОДИТЕ ТУДА!

У этой страны нет будущего, нет никакой перспективы выжить в более-менее цивилизованном состоянии. Все кончено. Оставшимся единицам нормальных людей просто надо спасаться. Страна полностью отдана Сатане. Смотрите: каннибализм (хотя настоящего голода нет), полная потеря человеческого достоинства, озверение, нечистоплотность, причем в прямом смысле этого слова. Ни в грош не ставится человеческая жизнь! Цена грудного ребенка — 150 рублей у цыган! За доллары продается все — органы умерших людей, чтобы из них сделали суперлекарства и парфюмы. Будь ты проклята, эта земля! Хотя ты и проклята.

Я думала, последнее пристанище, последнее чистое дыхание — это церковь. Времена изменились, и она свободна. И люди устремились к ней. Но разве так бывает? Разве может быть отдано на откуп Сатане абсолютно все — и природа, и люди, и звери, а что-то богово, тем более церковь, так запросто уцелеть? Нет, это как бомбежка, не щадит ничего... Православная, русская, а точнее, советская церковь принадлежит Дьяволу.

Что такое в моем представлении церковь? Святое место, дом для моления, служб и прочего — это понятно. Но, на мой взгляд, самое главное — что туда человек может прийти всегда, когда ему это необходимо, и там всегда его будет ждать кто-то, кто выслушает, скажет нужные слова, исцелит душу (мне думается, не всегда для этого нужен психиатр).

В последний год я не раз испытывала острую потребность в таком разговоре... Именно с кем-то не близким, не с друзьями, а с человеком, который обладает высокодуховным знанием, которому важно состояние моей души, потому что это его миссия — спасать души людей. У меня же душа болела, меня съедал страх, и я шла в церковь. Что я там находила? Скамейку, поставленную поперек входа, чтоб «не ходили тут всякие», как в гастрономе в обеденный перерыв. Батюшка приходит точно-точно к началу службы, как конторщик — дисциплину знает. Завести с ним разговор совершенно невозможно — у него расписание. Ничего в церкви не приспособлено для задушевной беседы, абсолютно ничего! (С нежностью вспоминаются специальные кабинки-исповедальни в католических храмах.) А им, церковникам, это и не нужно. Они не испытывают потребность знать, лечить души своей паствы — у них равнодушные глаза. А раньше, в недавно прошедшие годы? Не они ли брали у людей паспорта, чтобы доложить в КГБ? Закладывали, «стучали»... Что, нет разве? Скажете: у них не было другого выхода, это был компромисс. Не имели право они на это, сколько народу сгубили таким образом, спасая себя?

А теперь? Главная их цель сейчас — вернуть материальные ценности. Не души людей, нет! А отнятое у них государством. Да полноте! Плохо было народу, действительно ограбленному и материально, и духовно. Душно без веры. А церковникам было вовсе даже неплохо, они составляли с этим государством прекрасный альянс.

Летом я ходила, как дура, восстанавливать наш храм в Воронцовском парке. Сколько же денег я пожертвовала! Где были мои глаза?

Мне понравился наш батюшка: молодой, неглупый. Мне было очень тяжело тогда, ужас вымучивал меня. И я решилась. На мою просьбу поговорить батюшка ответил согласием. Велел прийти за час до начала службы (расписание!). Я пришла вовремя. А он явился минут через сорок. Извинился, мол, так уж вышло, отвел в сторонку: «Слушаю вас». Я говорила сбивчиво, возможно, неумно, мне мешали слезы. Он, конечно, сказал мне много интересного (образованный). Но — вообще, ни о чем, конкретно касающемся меня. Я видела, что я ему не интересна, не нужна. Он говорил о Боге, о грехе, много о чем; это был дежурный разговор, безотносительный к кому бы то ни было. И на меня батюшка даже не смотрел. Возможно, ему не нравились мои не очень-то безобидные вопросы, но уж точно они не заставили его хотя бы чуть-чуть поинтересоваться, что это, собственно, с человеком происходит. И потом его поджимало время: он поглядывал на часы, дергался и, в конце концов, стал пятиться от меня к храму, как-то так бочком, бочком... Аминь!

Больше я с ним не разговаривала.

Рождество! Уже 12 часов дня. На праздничную службу я не пошла. Но я хотела зайти в храм, поставить свечу, помолиться. Наш храм в процессе восстановления, он не работает по полной программе (так и хочется сказать — по полному графику). Но ведь Рождество! И в этот день храм должен быть открыт все время. Хотя бы в этот день... Я и еще человека три пытаемся войти, но строгая бабуля, прислуживающая в храме, профессионально по-советски, вполне «гастрономским» голосом не дает нам это сделать: «Все! Все! Церковь закрыта!» «На обед», — мысленно добавила я и засмеялась про себя: уже четыре или пять раз церковь отпихивает меня таким образом. Не советская власть, не КГБ, а сама церковь. «Жаль! Хотелось посмотреть, как там внутри», — тихонько сказал стоящий рядом мужчина. Может, он впервые пришел сюда в этот праздник. Может, он хотел что-то узнать и понять. Храм оттолкнул его. Возможно, он больше не придет. Но храму-то что? Ему не нужны души.

А что же ему нужно?

Я иду от «святого» места, давая себе слово больше никогда сюда не приходить —разве мало меня откуда выгоняют, что ли? И вдруг вижу — торгуют. Церковный служака в соответствующем облачении торгует литературой на лоточке. Красиво изданное «Житие Христа» — 40 рублей. Великолепная «Детская Библия» — 120. Цифра немыслимая! Верчу, кручу в руках «Библию» — обалденное издание. Ну, ладно, церковь у нас подгуляла, но ведь Бог и Библия — истинны, а для ребенка купить ее — святое дело. Я уже тянусь за кошельком, как вдруг замечаю надпись на титульном листе: «Эта книга издана не для продажи, а в подарок детям». Ах, вы гады! И Бога-то вы не боитесь! Даже на пороге храма!

Во мне все кипело от гнева. Ладно, я могла бы позволить себе такую покупку. А сколько людей не в состоянии? Сколько детей из-за вас, церковники, останутся без Библии? Ах, вам нужны средства? А души, души вам не нужны? Вы хотите пооткрывать побольше своих «контор», работающих по часам? А что сейчас с людьми происходит, вы хоть приблизительно в курсе? Да эту Библию надо раздавать бесплатно, несмотря ни на какие материальные трудности. Но, боже правый, к кому я взываю? Нет в России святого места, нету!

Не молитесь в храмах! Я призвала бы людей: не ходите туда. Спасение я вижу в одном — каждый верующий у себя дома должен молиться так, как в церкви. В конце концов, он же обращается к Богу, а не к иконе. Хорошо бы на каждые два-три городских дома организовать какое-то место, открытое постоянно, где всегда будет священник. Это должна быть маленькая-маленькая церковь, пусть без куполов и колоколен, пусть в обычной квартире, но зато истинный храм, где человек сможет найти отдохновение и в неурочное время тоже. Пусть были бы маленькие общины со своим батюшкой каждая. Конечно, возникает множество вопросов и проблем. Но все это можно продумать, разрешить. Крестины, причастие, венчание — все внутри общины. Сюда дьяволу трудно будет пробраться — материальные потребности такой церкви сведены к минимуму, все друг у друга на виду. И батюшка — не аппаратчик, а член общины. Стоит подумать...

А пока что будьте в своем доме, рядом со своими близкими и обращайтесь только к Богу. Не к иконе даже.

* * *

Ой-ё-ёй… Как же меня разбирало тогда! Самое смешное в этих записках, что, сама того не сознавая, я пришла к идее Реформации, изобретя велосипед, которым протестанты пользуются уже несколько веков. Молиться дома, небольшие общины, церковь без куполов, колоколен и икон… Но тогда я этого всего не знала и ужасно радовалась своему «открытию». (Господи, какой же невежественной можно вырасти в советской интеллигентной семье!)

Мои мысли о Сатане, прибравшем весь мир и церковь к рукам, — свидетельство большого моего нездоровья тогда, болезни, порожденной диким страхом. Если бы он тогда исчез из моей жизни, со мной все было бы в полном порядке. Именно страх делал меня умственным (психическим) инвалидом.

Теперь я даже рада, что с церковью у меня сложилось именно так, как случилось. Если бы тогда нашелся «хороший» батюшка, если бы церковь была другой — приветливой и ласковой, я вряд ли обратилась бы, в конце концов, к медицине и, скорее всего, погибла или стала блаженной идиоткой на паперти. Чудесная была перспектива! Как говорится, Бог уберег. Забавно…

Что гнало меня на поиски батюшки, церкви? Понятное дело, все тот же страх. Бояться каждый день за жизнь своего ребенка, а заодно и свою, будто бы рядом реальная страшная беда, — тяжелое испытание, знаете ли! Не каждому дано выдержать. Я выдержала, как это ни странно. Правда, не без потерь. Главная потеря — здоровье. Да, я болела страхом. И не видела никакого лекарства, ведь в сторону медицины тогда даже не смотрела, а искала спасение в каких-то химерах и сказочках.

А еще я была одна. При семье, родителях, родственниках и знакомых, но совершенно одна. В этом заключался самый ужасный ужас, кошмарный кошмар, страшный страх. Такие, как я тогда, несчастные, одинокие, больные — вот, кто становится прихожанами. Наверное, они упорнее меня: ходят по разным церквям, не ограничиваясь двумя, как я; ищут и находят своих духовников, батюшек, тетушек, сектантских вождей, шаманов, не знаю, кого еще... Простите меня, верующие, может, и зря так написала, но исправлять не буду. Для меня тема веры и религии закрыта раз и навсегда. Моей больной душе тогда был нужен хороший врач, а я занималась ерундой, которая лишь сильнее запутывала меня, толкала все дальше в болезнь, в одиночество, в беду.

И чтобы окончательно расставить все точки над «i»... Кое в чем я не призналась в этих записках — побоялась. Сама себе признаться побоялась — опять же страх... Меня совершенно не убеждали, а, если честно, отталкивали все эти сказочки про Адама и Еву, изгнание из рая, чудеса, которые творил Иисус... Про святых и преподобных... В общем, «исцеляйся, дурак» вспоминалось каждый раз, когда я слышала или читала обо всем этом. И даже сквозь мои постоянные серьезность, страх и тоску в эти моменты меня «пробивало» на улыбку, которую я не в состоянии была сдерживать.

Детские страхи (из рассказов знакомых и друзей)

«Есть страхи, которые надо преодолевать регулярно. В детстве мой путь от дома до маминой работы занимал 4 километра пешком — до причала, куда приходил катер, по приятной дороге, практически без машин. Потом нужно было пройти по деревянному пирсу и спуститься по трапу на понтонный причал, к которому катер прибывал. Ждать его на этом качающемся причале было очень страшно — вода совсем близко. А в Кольском заливе она всегда холодная. Десять минут в такой воде — и человека уже не спасти. Родители еще больше пугали меня, говоря: «Стой смирно, а то упадешь в воду и утонешь...» Близость ледяной воды, качку, опасные волны, удар катера о причал я до сих пор физически

ощущаю. Ну, это не так страшно, это такой маленький страх.

Катер доставлял нас к Морвокзалу, откуда до железнодорожного вокзала путь лежал по мосту. Вот это было совсем страшно. На высоте второго-третьего этажа надо идти сквозь пронизывающий ветер, по льду под ногами, над рельсами, поездами, проводами высокого напряжения. Люди спешили, толкались. Я очень боялась упасть... Во время войны моя бабушка жила в эвакуации в Тбилиси. И однажды какой-то местный идиот пытался сбросить ее с такого же моста, крича, что из-за русских война началась. Бабушка буквально на пальцах висела. После ее рассказа стала ужасно бояться этих мостов. И по сей день очень осторожно по ним хожу. Страх крепко засел в моем сознании на всю жизнь.

Думаю, надо было родителям в свое время успокоить меня, рассказать о прочности поручней, крепости моста, надежности их, родительской, защиты.

А сейчас мне регулярно снятся страшные сны. В одних — мы плывем через залив, катер раскачивается на волнах, и я падаю в воду. В других — мне надо пройти по тому самому мосту. И вот я иду, даже бегу по нему. Сначала отваливаются боковые ограждения. Я иду осторожно. Мост покрывается льдом, я иду аккуратно посередине, боюсь поскользнуться и упасть вниз. Потом мост начинает выгибаться, и я уже ползу по нему, но соскальзываю и падаю... Однажды я во сне дошла до конца моста. И тогда я была счастлива! К сожалению, только во сне...

А наяву впереди мост, который нужно преодолеть. Мне очень трудно жить — одно сплошное преодоление. А все говорят, что я сильная...»

ЛЕНИН И КРЮГЕР: КТО СТРАШНЕЕ?

Вспоминаю один из своих кошмаров, который, к счастью, уже незнаком молодому поколению. Дай бог, чтобы никто больше не испытывал подобного страха... Как же его назвать? Страх перед властью? Страх попасть в тюрьму? Нет, скорее, страх перед карающей мощью тоталитарного государства. В общем, когда боишься ляпнуть что-то не то про партию-правительство, какую-нибудь «антисоветчинку», потому что за это могут сильно наказать. Смешно, конечно, я ведь жила не в 30-е годы, но и в 70—80-е меня дома сильно запугивали «карающим мечом революции».

Мне, например, говорили, что нигде нельзя рассказывать, о чем дома болтают родители (а уж они распускали языки, особенно в подпитии — ого-го!). Мне внушали, что рассказывать политические анекдоты — смерти подобно: обязательно кто-нибудь «настучит», и будет очень плохо. Меня стращали кагэбэшниками и прочей «спецурой», которая есть повсюду... Ребенком я была не в состоянии определить, сколько преувеличения было в родительских словах, поэтому воспринимала их буквально. Жить было очень страшно. Когда я спрашивала: «А что будет, если я что-нибудь «такое» скажу?» — мне отвечали: «Нас посадят в тюрьму». Не умея критически относиться к словам родителей, я, естественно, пугалась до смерти и старалась жить так, будто хожу по самому краешку обрыва: главное — не сорваться, надо все время быть очень внимательной и следить за каждым своим шагом, вздохом, малейшим движением.

Еще сравнительно недавно я думала, что подобная ситуация в детстве была только у меня. Однако рассказы многих людей показали, что и в других семьях родители успешно покалечили детей таким вот страхом. Конечно, я имею в виду семьи наших так называемых интеллигентов, кухонных диссидентов. Они ощущали себя очень храбрыми, умными и передовыми в своих пятиметровых кухнях, но им никогда в голову не приходило, что в отношении собственных детей они были дураки дураками и отъявленными трусами, опасавшимися, что ребенок невольно их «заложит» и у них могут быть неприятности на работе и в партъячейке. Почему им не приходило в голову просто не «свободолюбствовать» при детях, чтобы не перегружать детскую психику? Правильный ответ: потому что они были глупы.

Детские страхи (из рассказов знакомых и друзей)

«Я была в первом классе. На уроке пения мы разучили новую песенку о Ленине. Мне ужасно понравилась мелодия. Когда я пришла домой, захотелось поделиться с мамой новым знанием, красиво спеть, чтобы она удивилась, улыбнулась и похвалила. В это время она что-то делала на кухне. Я вошла и запела: «Запах тополиный и сиреневый над Москвою майскою поплыл. Встретились весною дети с Лениным, Ленин с ними долго говорил. Надо, чтоб росли вы коммунистами...» Больше ничего я спеть не успела. Мама вдруг как шваркнула половником по столу... «Не сметь! — она завизжала. — Никогда не сметь петь мне про Ленина! И про коммунистов! Слышишь! Никогда!» Не знаю, почему я не сделалась заикой... Меня трясло. Я буквально уползла тогда из кухни к себе, так ничего и не поняв...

С тех пор у меня появился жуткий страх перед словом «Ленин» и любой коммунистической темой. До сих пор не могу об этом говорить! Я боюсь, боюсь... Меня однажды спросили, почему я так опасаюсь всего этого, ведь социализм давно кончился, говори что угодно хоть о Ленине, хоть о Сталине... Мне трудно объяснить людям, что дело не в политиче-

ском запрете, а в другом... Я боюсь этой темы так же, как кто-то боится... ну... Фредди Крюгера, например. Это просто пугалка для меня, кошмар кошмаров...»

И в моей жизни было нечто подобное, связанное с песней, правда, не столь драматичное. Классе во втором мы с подружками устроили домашний концерт для родителей. А до этого на уроке пения разучили замечательную песню «Бухенвальдский набат». Мне очень нравилась мелодия, трогали слова... Мы во втором классе уже очень много знали и про войну, и про концлагеря... Поэтому песня была для нас и страшная, и грустная, и... величественная, что ли. В общем, второклассница Катя с серьезной мордахой вышла к взрослым и запела «Набат». Я думала, что всем понравится, все будут слушать и сопереживать... И никак не ожидала того, что потом случилось. Взрослые люди, среди которых были мои родители, стали смеяться. Я мужественно допела песню под мамино и папино хихиканье, убежала в другую комнату и заплакала.

Я понимаю, что их насмешило несоответствие глубокой, драматичной, гражданской песни соплюхе-второкласснице со значительным личиком. Конечно же я прекрасно знаю, как поступают в подобных случаях нормальные, неглупые родители. Они сдерживают свои улыбки и не показывают ребенку, что он смешон. Увы, не всем достаются умные родители...

А в моей детской голове тогда произошел своеобразный затор: взрослые хихикают над такой серьезной темой, над «сотней тысяч заживо сожженных». Значит — это какая-то немножко стыдная тема? Или смешная? Наверное, это такая же тема, как анекдоты про Брежнева — дошло вдруг до меня. Когда родители говорили про Брежнева, они точно так же хихикали. И все их кухонные разговоры под рюмочку о Ленине, политбюро, съездах партии и прочем вечно сопровождались не только руганью и проклятиями, но часто именно такими вот смешками.

И с тех пор я очень долго, почти до взрослости, боялась и жутко стеснялась любых подобных тем. Они пугали меня автоматически: не дай бог, возникал разговор о чем-то подобном или опять же песня звучала военная, я впадала в какое-то странное беспокойство — когда нужно начинать смеяться? Разумеется, потом это прошло, но не забылось и иногда эхом отдается в голове.

Поколение шестидесятников, такое диссидентское и прогрессивное, некоторые до сих пор считают суперинтеллектуальным и героическим. Вынуждена разочаровать сторонников этого мнения. По моим личным наблюдениям, среди шестидесятников масса идиотов. Да-да, разумеется, столько же, сколько в любом другом поколении, но от этих-то ждали чего-то необыкновенного. Как мне кажется, от «борцов с режимом» жертв и разрушений получилось слишком много. Умные бы так не поступили. По крайней мере, они не свихнули бы мозги своим детям.

Детские страхи (из рассказов знакомых и друзей)

«Мама всегда очень беспокоилась о папиной карьере. С самого детства я только и слышала: «Мишенька, держи свой язычок на приколе, не ляпни то, что ты вчера говорил, а то главный тебя съест». Я пугалась, что кто-то может съесть папу, плакала. Папа смеялся и успокаивал меня: «Не волнуйся, мопсик, этот меня не проглотит — подавится».

Папа все время должен был расти — так говорила мама. Для этого он вступил в партию. В тот день, когда его принимали туда, мама сидела на кухне, вся бледная, кусала носовой платок и всхлипывала. Потом, когда все завершилось благополучно, папа пошел на повышение, а мама не могла успокоиться и все хотела, чтобы папа рос дальше.

В общем, неважно, как она обрабатывала папу, важно, что она все время дергала меня: это не говори подружкам, того не рассказывай, много болтаешь, у отца из-за тебя могут быть неприятности, такое по телефону нельзя обсуждать, и вообще — у стен есть уши. Вот это последнее, кстати, мамино любимое выражение, когда я была еще в начальной школе, повергло меня в шок: я пыталась себе представить, как выглядят уши у стен, и кто, собственно, ими пользуется, то есть слушает.

Эти страхи и пугалки продолжались все мое детство. И когда мне исполнилось лет 14, я вдруг почувствовала, что сама всего боюсь. Везде мне стали мерещиться микрофоны, камеры, подслушивающие устройства... В метро мне казалось, что за мной следят... На улице виделся «хвост».

Потом, много позже, когда уже все это закончилось вместе с социализмом и бояться больше было нечего, а папа уже давно был на пенсии, мой страх никуда не девался. Я не переставала бояться спецслужб, мне казалось, что я все время у них «под колпаком»... Почему это я говорю в прошедшем времени? На самом деле не «мне казалось», а «мне кажется». Это не проходит, не уходит... Только недавно я начала лечиться. Стало легче, но до выздоровления еще далеко. Врач говорит, что надо набраться терпения...»

«ПОЙМЕТ ЛИ КТО?
СЕБЯ Я ПОНИМАЮ»

К каким только нелепым решениям не приходит человек под влиянием страха! Страх отнимает у нас способность распоряжаться теми средствами, какие разум предлагает нам в помощь.

Даниэль Дефо

Совсем недавно я узнала, что, оказывается, существует такое болезненное состояние гипофобия — полное отсутствие у человека страха. Специалисты пишут, что гипофобия наблюдается у больных шизофренией, при алкогольном опьянении, иногда при неврозах. Кто хоть раз в жизни выпивал лишку, конечно, помнит настроение под названием «море по колено», когда кажется, что ты всемогущ, крут и непобедим. Оказывается, некоторые люди могут чувствовать подобное вне зависимости от приема алкоголя. Неплохо было бы так заболеть! Это первое, о чем я подумала, когда узнала о гипофобии. Но потом пришло понимание, что шансы укоротить себе жизнь до минимума при этой патологии весьма высоки. Ведь если ты не можешь верно оценивать степень опасности, риска, то у тебя будет миллион возможностей погибнуть там, где человек трусливый, опасливый запросто выживет, даже не задумываясь, на врожденном инстинкте.

В общем, нормальное чувство страха необходимо любому живому существу. Но когда количество страха зашкаливает за все разумные пределы (гиперфобия), вероятность преждевременной смерти начинает приближаться к уровню возможности гибели при гипофобии. Зашуганное, измученное страхом существо тоже может быть легкой добычей дамы с косой: у него просто нет ни сил сопротивляться, ни разума, чтобы думать, как спастись. Дикий страх отключает способность логически мыслить.

Кроме того, постоянный сильный страх ослабляет организм человека. Известно, что это чувство провоцирует кучу болячек, снижает иммунитет... То есть пришибленный страхом человек может долго и тяжело болеть, что, понятное дело, явно не способствует долгожительству.

Все в нас должно быть гармонично, так, как задумано природой именно для того, чтобы действовать правильно, рационально и жить столько, сколько отпущено. Так нет же! Мы, люди, старательно делаем все, чтобы поломать к такойто матери работу природы. А ведь она ее кропотливо выполняла миллионы лет, чтобы мы получились такими, какие есть. Мы уродуем друг друга, уродуем своих детей, вместо того, чтобы, как все нормальные животные, учить их жить и выживать в этом мире. Любая кошка учит котят, а не запугивает, показывая клыки и когти и рыча на них. Вот интересно, если бы кошка все-таки вела себя так, какие бы вырастали котятки? Сколько они успели бы прожить, забиваясь во все дырки и щели от страха? И как им, скажите на милость, добывать себе пищу, защищаться от врагов, удирать в случае чего? Бедные котятки... Но они-то существа вымышленные, в природе отсутствующие. А вот человеческие детки иногда такими становятся.

Вернусь к моим старым-престарым запискам. Итак, весна 1990 года...

Я иду по Калининскому — в красном плаще и на высоких каблуках. В руках розы. Впереди — ресторан «Арбат». Мне весело? Чувствую ли подъем и повышенный тонус всего женского во мне? Фигу! Полное и абсолютное равнодушие. Кажется, я разучилась радоваться праздникам, которые и так нечасто бывают в моей жизни. Похоже, и не нужны они мне вовсе — голова не тем занята.

Встретилась со своей компанией. Сели за столик. Мы находимся, я бы сказала, в бельэтаже, ниже нас — огромный зал с «лабухами» и столиками, и мы смотрим туда сверху в большую-пребольшую дыру. Там, кстати, свадьба.

Ну, и хохот у нас за столом! Какие они все, мои одноклассники, веселые. Смех, подчас абсолютно без причин. «Вы со Светкой работаете на контрасте! — весело кричат мне. — Веселый клоун и грустный клоун!» Это я-то грустный клоун? А я-то стараюсь, улыбаюсь, шучу... Оказывается, я плохая актриса. Жаль!

Полумрак, музыка. Немного холодно. Смех до икоты. Полная расслабуха. У них. А у меня не получается...

Когда я нахожусь в своем родном ступоре, как я его называю, все мои эмоции, все-все, приглушены совершенно. И радость, и боль, и даже тревога, например, из-за того, благополучно ли муж добрался до другого города, когда поехал в командировку. Я могу даже забывать о многом... Да обо всем! Кроме дочери. Тут я «всегда готов»! Это не отключается. В сущности, все дело-то именно в ней, вся суть, вся жизнь... Об этом я и думаю, сидя в ресторане, среди всеобщего хохота и веселья. «Чего грустить, давай чокнемся за дружбу», — ко мне тянется Витька с бокалом. Черт! Опять грустная? Ну что мне, на столе ламбаду сбацать?

Чужие мужья по очереди приглашают меня танцевать. Заботятся: я ж единственная нынче безмужняя. Если бы они знали, до какой степени мне этого не надо! Но нельзя делать кислую мину и портить всем праздник, поэтому я танцую.

Ушла раньше всех. Иду обратно по совершенно пустому Калининскому и думаю: много оказалось у меня друзей к 26 годам, причем очень хороших, разных. И школьные вот, и Олечка К., и Галина с мужем, и еще другие... Муж — золото, дочь — самая родная и любимая. Родители? Далеко не подарок, но любимые, любящие и верные. Вообще, верность — это у нас с ними взаимно. К сожалению, полного понимания нет, нас в разные стороны раздирают две эпохи. Не «отцы и дети», нет. Скорее, два государства с разными конституциями. Но не знаю, как они без меня, а я без них не могу... И маму это, по-моему, тяготит. Порой приходит горькая мысль, что она любила бы меня намного сильней... на большом расстоянии. Вот она, разница! А я буду счастлива, если долго-долго буду нужна, необходима Алисе (хотя она, кажется, больше похожа на мою маму — независимая до ужаса). А у моих родителей есть, кроме семьи, не менее важное в жизни — работа. Они вообще живут, чтобы работать (так не по-американски). А я — другая. Зачем живу, ей-богу, не знаю... Судя по моему самочувствию, правы они.

О чем я? А! Так вот: все у меня для полного и безоблачного счастья есть. Так что же творится с душой моей и с головой?

Прихожу домой. Родители, сторожившие весь вечер дочь, тут же начинают одеваться. «Там курица вам и на завтра, и на послезавтра; варенье в банке, все есть — словом, у тебя завтра без проблем». Ах, мама, спасибо тебе большое, конечно! Но если бы в этом были мои проблемы! Если бы ты так же легко могла разрешить другое: «Твоя дурь — в помойном ведре, а твоя фобия — протухла, между прочим. Я ее выбросила в мусоропровод. Так что завтра — без проблем...»

Больнее или легче мне, когда я одна? До сих пор не могу ответить на это определенно. Знаю точно: одна быть долго не могу. Как «поэтически» выразился Сашка, у меня начинает бродить дерьмо в мозгах. Единственное, что я не уяснила в этой метафоре, в каком смысле «бродить»: ходить, гулять или забраживать, как дрожжи? Но и то, и другое годится. В «яблочко»!

«Это потому, что ты ни черта не делаешь», — мамина теория моего недомогания. Это я-то? Да я в жизни столько не делала, сколько теперь, начищая, натирая, вылизывая свою хату. Я оказалась патологической чистюлей... «Голова твоя свободна и пуста!» — мама развивает свою теорию. Может быть, может

быть... Хотя за всю предыдущую жизнь я не передумала столько, сколько за последнее время. Другой вопрос, что ни до чего полезного я не додумалась, но это уже изъян моего «думального» устройства. Не я его проектировала. Да и вообще, в жизни каждого более или менее разумного человека, я думаю, наступает момент, когда по какой-то причине он полностью отдается во власть собственных терзаний, сомнений, страхов. У всех это происходит по-разному, и реакции человека тоже полностью зависят от его личности, его прошлого, его кармы, если хотите. Одни легко преодолевают этот барьер, даже, может, ничего и не вынеся из подобного этапа своей жизни; другой мучается ужасно, весь сгорает изнутри, терзает себя, других, но потом приходит к чему-то важному, необходимому для развития души; третий, попав в этот ступор, уже никогда не выходит из него... Сколько людей, столько вариантов.

Когда я остаюсь одна, мысли, так пугающие меня, обретают голос. Не в том смысле, что я слышу голоса (у-у-у!), а в том, что неясные мысли и опасения облекаются в слова, обретают логику и начинают жить собственной жизнью. Правда, внутри меня. И этот «голос» надобно заглушать. Что я и делаю. Целый день у меня орет телевизор, музыка... Музыка, когда готовлю, ем, мою пол, и погромче, чтобы заглушить внутреннего докладчика. Это как нарко-

тик. Я как бы растворяюсь в громких звуках и в мелькании клипов на экране. Тишину ненавижу! Только ночью она мне друг.

Поет разными голосами телек. Кипятится молоко. Варится рыба для кошки. Ох, этот котенок, эта Мура. Как же нам с тобой совместиться? Почему, за что у меня эта треклятая аллергия на моих любимых животных? Теперь всегда под рукой диазолин и нафтизин. Но ведь так нельзя все время. Так что ж — расставаться? Ну уж нет! Жива буду — не помру.

По телевизору спектакль «Дальше — тишина» с потрясающей Раневской. Какое-то извращение: когда я смотрю эту вещь, смотрю на печальный финал жизни двух стариков, я до слез начинаю любить Сашку, вспоминаю его с нежностью, хочу обнять его голову, прижать ее к себе, как головку ребенка... Такое чувство к нему! Но не извращение ли — вспоминать о молодом, красивом муже не тогда, когда показывают красавцев со стальными мускулами, каких-нибудь Сталлоне с обольстительным взглядом, а когда я вижу беспомощных, нежно влюбленных друг в друга старичков. Наверное, Сашка меня бы не понял. А может, и понял. Я, оказывается, этого не знаю. К сожалению, вместе с ним мы этот спектакль не смотрели.

Вообще, слезы мне, как это ни странно, полезны. После них минут на пять всегда легчает на душе. Плакать все время?

* * *

Отложила писанину из прошлого... Повспоминала. Да-да, была такая встреча с одноклассниками, которую забыла уже через пару дней. Я не помнила, о чем говорила с ними, что и как происходило, потому что целиком была погружена в свои мысли, чувства и страхи. Сейчас тот день, его события и люди вспоминаются, будто в тумане, а вот собственное внутреннее состояние помню очень хорошо. Мрак. Грусть. Тоска. Одиночество. И все из-за страха...

Я всех люблю, всех ценю и уважаю — имеются в виду близкие. С нежностью пишу о маме, которая... которая льет мне яд на раны, а я этого даже не понимаю, не сознаю. Чувствую, что-то не то, не так, но ума не хватает понять, что? Или такая сильная любовь к родителям застит мне глаза?

Теперь-то я понимаю, отчего была столь одинока в своих кошмарах! Самые близкие люди не хотели мне помочь, не желали разбираться, что со мной. Они просто читали мне мораль, тыкали носом в мое убожество. А я их любила...

Следующая часть записок заставила меня поежиться... До чего же я тогда дошла в своем кошмаре и самоуничижении! Была мысль не публиковать эту часть, уж больно стыдно... Но потом решила, что все-таки нужно: хотя бы ради тех людей, которые, возможно, узнают себя и поймут, наконец, как они ошибаются, на каком неверном пути находятся... И я уговорила себя опубликовать.

Закончила читать «Изгоняющего дьявола». Это, конечно, намного сильней фильма. В кино утеряны, как мне кажется, очень важные мотивы. По крайней мере, для меня важные. Например, чувство вины священника Карраса. Он усомнился в себе, в своей вере; его тяготит чувство вины перед матерью, вины, которая делает его недостойным... Чего? Служению Богу, быть может. И почему Регана стала такой легкой добычей Сатаны? Есть предположение, что девочка ощущала развод родителей как свою вину.

Итак, человек, тяготящийся чувством вины, добыча Сатаны? Значит, я сильно рискую. Ведь я ощущаю не просто чувство вины, а виновности... Нет, я не убила никого, не ограбила. Но моя эмоциональность, мой темперамент служат мне плохую службу. Моя виновность — в моих неосторожных словах, в моем часто справедливом гневе, который я иногда облекаю в резкие формулировки. А слово — энергия, да, мама? Ты всегда мне это говорила. Не спорю. Значит, надо прикусить свой мерзкий язык и молчать всегда? Но я не могу так. Все это меня гнетет, я не вижу себе оправданий и считаю, что наказание, если оно будет, справедливо. Я совсем не могу простить себя ни в чем. Я — главный судья сама себе и собственный же палач. И как в точку попал этот роман «Изгоняющий дьявола»!

Порой так себя ненавижу, что хочу врезать по собственной физиономии. Вот, кстати, к вопросу о любви к себе — чего нет, того нет. А как выяснилось, это абсолютно необходимое условие для нормального существования. «Возлюби ближнего своего, как самого себя». Я как-то раньше не реагировала на этот нюанс. Значит, прежде всего, возлюби себя. Интере-е-есно как! А что же делать, если, когда я смотрю в зеркало, меня переполняет раздражение? Если, когда я вижу себя по видео, вообще отворачиваюсь? Если мне кажется, что от меня всегда плохо пахнет? Как мне теперь научиться любить себя или хотя бы не ненавидеть, если я считаю себя достойной лишь порки; не считаю себя вправе высказывать вслух свое суждение о людях, их поступках. Я недостойна.

Я искренне удивляюсь, как меня терпят окружающие. На их месте давно бы высказала мне столько всего! А они святые какие-то, что ли?

Включаю видак. Моя любимая, любимая Патрисия Каас! Счастливейшие минуты забвения — я слушаю ее, танцую (боже, с каждым годом я все больше и больше люблю танцевать!), смотрю в ее удивительное лицо... И уже не впервые приходит в голову сумасшедшая мысль: это я должна была быть ею. Это мой голос, мое ли-

цо, тело, моя душа. Когда она поет — это то, что всегда поет во мне. Это должна была быть я. Патрисия, Патрисия, ты проживаешь мою жизнь! Прости, конечно, я не должна так думать. Просто очень люблю тебя. Наверное, так, как должна была бы любить себя.

Понимая про себя если не все, то почти все, казалось бы, сделай вывод, исправься, стань приятной людям, не досаждай им своим существованием. Но если моя мама смогла, по ее словам, в какой-то момент взять себя в руки и никогда никому больше не показывать своей слабости, свои нервы, то у меня почему-то не получается. Мне очень нужна помощь. «Инфантильная ты!» — утверждает моя сильная мама. Диагноз поставлен. А лечение?

Иногда у меня возникает желание оказаться совсем одной в огромном незнакомом городе, где меня никто не знает и помощи ждать неоткуда. Думаю, я бы выжила, и с успехом. Абсолютно нелогично... Ворваться в пасть незнакомого города, ходить, бродить, смотреть на людей, заходить в кафешки, а когда выйдешь оттуда, напившись вкусного кофе, не будешь знать, куда идти, но это и неважно — куда-нибудь да попадешь, как в «Алисе в стране чудес». Так со мной было однажды... И вот тогда возникло ощущение безопасности и удивительного покоя. Я — потерялась, я — песчинка. Меня никто не знает. Меня просто нет. «Поймет ли кто? Себя я понимаю» (Лопе де Вега. «Собака на сене»).

Ведь не может человеческая жизнь зависеть от брошенного слова, от оценки чего-либо, от ошибочного суждения, наконец? Или может? Что управляет моей жизнью — карма или случайность, и в какой степени случайность (или глупость) может менять карму? Что есть грех, тот грех, который заслуживает страшного наказания? Ответы Писания меня не удовлетворяют. Жизнь больше, сложнее и непредсказуемей той картины, которую рисует нам этот древний сборник. Человек! Это вообще непознанное явление природы, и кто смеет судить о нем? Где ж найти ответы? А я без них не могу найти жизненной опоры, не чувствую уверенности ни в одном своем шаге, поступке, движении. Возникает необходимость повторения шага, чтобы убедиться: я сделала это и сделала, как надо.

Много думаю о карме. Читаю всякий астрологический ликбез. И вот до чего додумалась: для меня безусловно то, что человек живет не одну жизнь. И что каждая последующая зависит от предыдущей. Это и есть карма. И в сущности, человек строит ее сам. То есть наши жизненные ухабы — это расплата. Ну, здесь я ничего нового не придумала, это всем известно. Но вот, что касается лично меня: я помню себя лет десять назад, и пятнадцать, и двадцать —

это был недобрый человечек, желающий смерти каждому, кто наступал ему на ногу. Откуда это могло возникнуть в ребенке из интеллигентной семьи, в девочке, окруженной книгами. А я знаю: я притащила в эту жизнь всю-всю собственную грязь из той, прошлой жизни. Рождаясь, вылезая из чрева матери, я тащила за собой не только плаценту, но и эту свою нехорошую карму. Почему так случилось? Может, в той жизни я умерла молодой, не успев искупить чего-то? Может, та жизнь не научила меня ничему, и Господь решил, что это единственный способ спасти мою душу?

Первые двадцать с лишним лет — это отхаркивание прошлой жизни, это вообще не я... В том смысле, что не узнаю себя. Я должна была бы родиться сейчас. Моя душа обновилась (и то еще не совсем) только-только. Я — новорожденная. Но эти муки, муки такого рождения не сравнятся с болью физического появления на свет, они много мучительней. И, разумеется, так просто этот номер не проходит: моя душа вся в рваных кровоточащих ранах; что бы ни происходило в жизни — все соль на эти раны. Как будто нет у меня иммунитета к нормальной жизни. Она для меня похожа на загазованную, загаженную городскую магистраль, которая страшно опасна для только что родившегося человечка. Но реальный младенец не знает этого и потому не боится, а я, наоборот, в ужа-

се, хотя, быть может, ничего смертельного для меня и нет. Смогу ли я преодолеть этот барьер и прибрести иммунитет к жизни? Не знаю.

Неуверенность, сомнения, страх... «Безделье», — твердит мама. Нет, мамочка, нет. У меня просто нет внутреннего стержня, а также веры в себя, веры и любви к себе (в том самом хорошем смысле). Ну, стержень, бог с ним. Мало ли людей слабых, они ведь тоже нужны, иначе — зачем тогда сильные? А вот вера и любовь к себе — эти прививки не были мне сделаны вовремя. И наверное, я сейчас тяжело болею детской болезнью, как взрослые болеют скарлатиной. И чувствую себя ужас как одиноко — я ведь сама теперь мать, и нынче мое дело поить лекарством свое дитя, качать его на руках и шептать на ушко: «Все будет очень хорошо!», а со своей «скарлатиной» бороться в одиночку.

«Благослови свой страх», — сказала мама. Ох, мама, мама! Он вымучил меня, довел до предела возможностей, а его благослови? Но один вопрос не дает мне покоя: убери из меня страх, избавь от него — не стану ли я негодяйкой? Я ведь всегда была дрянью, и только болезнь и страх заставили меня измениться. И теперь вспомни, милая: когда у тебя бывают «рецидивы» злословия, недоброжелательства? Именно в хорошие минуты, моменты счастливого расслабления и чувства защищенности и покоя (к слову, весьма редкие). Боже, как же низок человек, ес-

ли только страхом его можно заставить понять что-либо! Вот опять — ну чего я обо всех людях, какое имею право. А сколько людей чисты не через подобные мучения. Нет, я могу говорить только за себя! Это я столь низка, что Бог только так смог до меня достучаться. Значит, благословляю тебя, страх, хотя ты мне уже изрядно надоел. И чувство вины тоже благословляю.

Пока муж в командировке, дописала все до конца. Завтра он приезжает. Очень родной и совсем чужой. Как мы с ним до сих пор вместе — загадка. Совершенно разные люди, абсолютно разные интересы. «Это и есть любовь!» — патетически воскликнул бы кто-нибудь. Нет. Любовь — это до 20 лет. А семья — это привычка, привязанность, притертость и комфорт, если хотите. Да и вообще, не до любви мне. Лишь бы как-нибудь из заколдованного круга выбраться, и любовь тут не подмога.

Пора заканчивать, надо спать. Воистину сон — лучшее лекарство от идиотизма. Завтра новый день. Новый ли?

* * *

Уровень самоуничижения — критический. Помните историю Лики? Я нахожу много общего в наших судьбах. Мне тоже с детства внушали чувство вины и пророчили, что жизнь накажет.

Потому что таких ужасных людей жизнь всегда наказывает. Я же была хуже ужасного. Ко времени написания того текста страх уже настолько измотал меня, что я признавала все, что угодно, вплоть до кармы, переселения душ и зеленых инопланетян. Если бы мне вдруг сообщили, что, не приходя в сознание, я убила человека, поверила бы, что из-за моих «неправильных» слов потерпел катастрофу самолет, согласилась бы с этим тоже. Болезнь? Да, уже да. И еще к тому ж такая, которую холят, лелеют и удобряют самые близкие люди. «Безделье — голова пустая — благослови свой страх...» Можно ли найти слова более действенные для того, чтобы окончательно добить человека в состоянии душевного разлада?

Знаете, что в реальности означали мои слова о том, какой ужасной я становлюсь, когда страх отпускает меня ненадолго? То, что я начинала высказывать свое мнение по разным поводам, отстаивать собственную точку зрения, давать себе право судить о каких-то событиях или людях по своему разумению. А этого, с точки зрения больного разума, делать нельзя! Потому что именно я не имею на это никакого права. Все имеют, а я нет. Значит, любое мое собственное мнение — страшный грех.

Прав не имею ни на что... Хуже всех на свете... Не вправе судить, хотеть, иметь...

У меня есть подруга, прекрасный, интеллигентный человек. У нее такая особенность: она может храбро бороться за кого-то постороннего, может просить за него, отстаивать его права, даже драться. Но если надо что-то сделать для себя — попросить, добиться чего-то, она превращается в беспомощное существо. Ее охватывает паника, ужас! Она чуть не теряет сознание и, не поверите, у нее начинает носом идти кровь! Я много думала об этом ее свойстве и поняла: это то же самое ложное, разрушительное чувство собственной ничтожности, которое проявляется вот таким образом. «Кто я такая? Как я могу чего-то хотеть и просить? Я же со всех сторон недостойна!» — это убеждение, может быть, даже не осознанное, укрепилось в ее подсознании и выступает в роли собственного тюремщика. А из ощущения себя недостойной вырастает внутренний страх несуразного размера. Получается этакая жуткая связка «самоуничижение — страх», где обе составляющие находятся в прямой и обратной связи. Они ходят парой — «санитары мы с Тамарой». Как разорвать эту цепочку? Как ее уничтожить, чтобы избавиться от обеих этих гадостей? Невозможно убить что-то одно, а другое не трогать, бессмысленное занятие. Или уничтожить обеих, или все останется по-прежнему. Но реально ли это, когда ты уже взрослый человек, давно сформирован, а то, что ты — тварь дрожащая, тебе хорошо вбили в голову и тщательно там утрамбовали еще в далеком детстве.

Мне пришел в голову совершенно парадоксальный, даже дикий вопрос: а может, лучше, когда все это переходит в стадию заболевания? Ведь тогда человеку можно помочь медикаментами, лечением. А пока он формально здоров, но мучается, так как его грызут чувство вины и страх, помочь ему практически невозможно, если рядом нет ни одного умного и любящего человека... Впрочем, нет. Когда начинается болезнь, а вокруг нет любящих людей, никакое лечение и не начнется. Ведь равнодушные, а то и враждебные близкие скажут: «Благослови свой страх» и «Ты — бездельник»...

Стыдно и грустно читать, какой «литературой» я тогда увлекалась! «Изгоняющий дьявола» — боже мой! Вот что значит, хотя бы ненадолго «воцерковиться»! Начала с каких-то «преподобных», батюшек-наставников, дошла и до «Изгоняющего...». И еще о чем-то рассуждала, искала в этом мусоре ответы на свои мучительные вопросы... Скатилась я тогда в своем одиночестве до маразма. Чуть замечала в какой-нибудь книге тему вины и страха — все, влипала, читала, пыталась найти ответы и успокоение. Естественно, ничего не находила, лишь сильнее запутывалась, еще больше боялась, все хуже относилась к себе. Я на самом деле была убеждена, что такие муки мне посланы за мою мерзость.

Какую мерзость? В чем была моя вина? Не было никакой реальной вины. Была лишь мнимая, буйным цветом выросшая из семян, которые в детстве во мне посеяли родители. А когда я уже металась в панике, они исправно поливали посевы. «Благослови свой страх!» И язык не отсох... «Благослови свои мучения, доченька! Пусть они продлятся, милая! Пусть тебе всю жизнь будет так же плохо, родная! Мы тебя, конечно, любим, но ты заслужила все это, любимая!»

Жизнь после жизни, карма, отхаркиванье прошлой жизни... Отмечу одну любопытную вещь: стоило с кем-нибудь из тогдашних знакомых завести разговор обо всей этой оккультной лабуде, люди тут же лихо и с энтузиазмом включались в беседу. Никто не стучал по лбу, не смеялся и не спрашивал, нет ли у меня температуры, и у каждого было свое мнение по всем этим темам: переселения душ, кармы и прочего вздора. Впрочем, это может лишь свидетельствовать о том, каким был мой круг общения. Стыдно и грустно... Увы, вынуждена признать, что к этому кругу принадлежали и самые близкие мне люди. Они с упоением читали «научные» книги про исследования в области биополей и зеленых человечков. И соответственно этим знаниям, я проходила «путь духовного развития, исправления, очищения» через мучения, страхи. «Очищалась» я, разумеется, от грехов, коих в моем багаже всегда было немереное количество.

Одним из доказательств моей порочности было следующее умозаключение. Страх убивал лишь меня, только я так мучилась и крючилась, а все прочие живут правильно, раз с ними ничего подобного не происходит. Значит, они — хорошие, я — плохая. И вообще: я уже родилась «грязной», грешной, порочной. Собственно, моя мать это даже признавала вслух с ханжеским смирением и лицемерной покорностью.

А я тем временем думала о родителях так: вот мама с папой и детей вырастили, и без работы жизни себе не представляют. Я же еще только ращу ребенка, и неизвестно, получится ли у меня что-нибудь. Скорей всего, нет. Разве у такой плохой женщины может получиться? С работой вообще никак... Нет у меня любимого дела, которому я радостно отдавала бы всю себя.

Это потом, много лет спустя, я переосмыслю все эти «ценности», пойму, чего стоили «доблести» моих родителей, какая за них была заплачена цена. Не ими...

Но тогда я их обожествляла и поэтому впадала в еще большие самоуничижение и страх. Наверное, можно даже сказать, что в еще большее безумие. Я была на грани человеческого терпения, на пределе возможностей организма. Это я очень хорошо помню. А перечитанные недавно записки лишь подтвердили правдивость моих воспоминаний.

Я ни о чем не могла думать вообще, кроме страхов. Так и сяк вертела в голове все возможные и невозможные ситуации, которые могут угрожать дочери, мужу, мне... Я боялась читать газеты — там все время писали о каких-то ужасах, к примеру, о повальном сальмонеллезе, после чего я боялась прикасаться к яйцам. Шла, насколько широкая, настолько же идиотская дискуссия о пользе и вреде прививок: я совершенно запуталась, что лучше и безопаснее для моей дочери. Если не делать, то она может заболеть, а если делать, то, пишут, это очень опасно... А принимать решение, брать на себя такую ответственность должна была я! Как я могла сама все понять, просчитать и решить? Иногда, оставшись дома одна, я в голос выла. У меня уже не было никаких сил.

Но все-таки молодой организм взял свое, и меня неожиданно «отпустило». Причем на несколько лет. К сожалению, всего на несколько лет. А потом — все снова и все опять... «Семь тучных лет и семь тощих лет». И так продолжалось до тех пор, пока я не обратилась к настоящему врачу. Доктор сказала мне, что если бы я попала к квалифицированному специалисту много-много лет назад, когда страхи только начинались, то лечение шло бы куда лучше, успешнее и быстрее.

— Это было невозможно, доктор, — грустно объяснила я. — Никто понятия не имел, что я больна. Да и знать не хотел, впрочем...

— Да, без близких в таких случаях не обойтись. Если бы помощь пришла вовремя, вы не мучились бы столько лет, жили бы, как все здоровые люди.

Эта горькая правда с тех пор не дает мне покоя! Большую часть жизни я ухлопала на «подкормку» страха, на борьбу с ним и терпела муки от него, как последняя преступница. Сколько потеряно времени, сил, здоровья! Потеряно черт знает на что! Сколько всего не сделано, упущено, пропущено и не будет уже никогда! Страх сжирает все, в том числе саму жизнь. Его можно сравнить с огнем — точно так же беспощаден ко всему, так же больно жжет и оставляет после себя выжженное пространство.

На этом периоде мои записки закончились, но я с удивлением обнаружила на самой последней странице сделанную моей рукой приписку: «Мама, ты сказала, что все мною написанное исключительно для внутреннего употребления, может пригодиться, помочь каким-то образом другим, поэтому это надо опубликовать. Вот цирк: я ищу помощи, а мне говорят: ты этим можешь кому-то помочь! Жизнь какая-то странная все-таки... Потом публикация для меня — все равно, что в нижнем белье, пардон, прийти в Большой театр. Но коли я верю в Бога, коли хочу стать хорошим человеком, то в помощи отказать не вправе. А мой удел, видимо, барахтаться в одиночку. Не представляю, право, кому весь этот бред может хоть в чем-то помочь».

Вспомнила! Я познакомила родителей со своими записями. Они прочитали и сказали, что хорошо бы это опубликовать, тема может быть актуальна для многих. Все! Это была их единственная реакция. Такое родительское тщеславие: пусть неудавшаяся дочь опубликует это, а кто-то поблагодарит, потому что ему это помогло. И тут можно будет похвастать: так это наша дочь написала! Или, еще лучше, будут говорить: это дочь Галины Щербаковой написала, ну тогда все понятно! Вот о чем, наверно, мечтали мама и папа. И ни слова не услышала я от них о моей боли и моих мучениях. Не задали ни одного вопроса. Господи, да просто не пожалели даже...

И тогда я сделала эту приписку. Зачем? Не помню, возможно, для того, чтобы оставить зарубку на память о том, что никому из близких мои проблемы не интересны, не нужны и плевали они на них.

Сейчас меня один вопрос занимает: почему я продолжала любить этих людей? Сценаристов и режиссеров огромной части моей жизни, отравивших и изувечивших ее с самого начала моим страхом и их равнодушием. Страхом, обернувшимся, в конце концов, настоящей болезнью. Правда, жизнь наказала их всех (их! Не меня! Я своим кошмаром была без вины наказана еще в детстве, а вот с ними жизнь таки потом посчиталась), но никто и никогда не вернет мне годы и десятилетия, которые я не жила, а корчилась от ужаса.

СТРАХИ БЫВАЮТ РАЗНЫЕ, БЫВАЮТ УЖАСНЫЕ, БЫВАЮТ БЕЗОБРАЗНЫЕ

Кому не приходится каждодневно преодолевать страх, тот не познал еще уроков жизни.

Р.У. Эмерсон

Вообще-то эту книжку можно было бы начать так: однажды в хорошей семье родилась девочка. С самого раннего детства девочка была очень веселой, озорной и удивительно храброй (многие взрослые даже удивлялись ее смелости). Любила похохотать, подурачиться, покривляться, что-то поизображать, вечно играла «в театр», без устали танцевала, наряжаясь во всякие тряпки и надевая на голову колготки (кто не догадался — они играли роль длинных кос). Девчонка всегда и везде была лидером: в детском саду — Снегурочка или, по крайней мере, «Главная снежинка» на новогодней елке, первая чтица стихов... В младшей школе —

командир «звездочки», командир отряда, одновременно неформальный лидер, придумщица игр и заводила всяких начинаний. Девочка устраивала импровизированные спектакли, концерты и, честно говоря, была жесткой командиршей среди сверстников. И ни за чьи спины никогда не пряталась. Многое из всего этого помню я сама, а о многом мне позднее рассказывали родители, удивляясь, куда это все подевалось (надо же!).

У этой храброй и веселой девчонки была очень большая, хотя и вполне естественная слабость: всепоглощающая, обожествляющая любовь к матери, любовь-обожание, сочетающаяся с безграничным к ней доверием. Именно обожаемая девочкой «богиня» весьма успешно и «выбила» из подростка сначала «беспричинную и глупую» веселость вместе с озорством, потом всякое желание «выделяться» и быть лидером, а потом напалмом выжгла из девочки всякую смелость, поселив в ее душе вечный испуг и трусость. Поскольку всего «вредного» было дано девочке довольно-таки много, «богине» пришлось постараться. Единственное, что ей не удалось искоренить в ребенке до конца, так это инстинкт жизни, которым милосердная природа ее наградила в полной мере. А потому, несмотря на все то, что с ней сделала любимая мама, девочка выжила. Хотя иногда уже и не очень-то хотела.

Она жива и по сей день. Рада ли этому та девочка, ставшая уже большой тетей? Теперь, наверно, да, хотя заплатить пришлось уж больно высокую цену. Но никогда уже не забудутся долгие годы, когда она сожалела о том, что ее организм почему-то никак не отказывается функционировать, а судьба-злодейка (как она думала тогда) никак не дает ей покончить с этим постылым, унылым, мучительным существованием. Несчастная не отдавала себе отчет в том, что от рокового шага ее удерживала все та же данная природой сила жизни. Впрочем, сама девочка-девушка-женщина считала это постыдной своей слабостью, очередным свидетельством собственного ничтожества и трусости.

Так и было. Я знаю, потому что помню. Тем грустнее…

Одна моя добрая знакомая Н. написала маленькое эссе-вскрик про свой страх. Она разрешила мне опубликовать эссе в этой книге и прибавила: «Можешь написать, что автор десять лет в теме “Как отсюда выйти, блин?”». Кому-то, возможно, это сочинение покажется выражением нестандартных мыслей странным образом, но для меня, как, думаю, и для огромного количества «навсегда испуганных», это очень точное попадание в определенную болевую точку. Абсолютное соответствие нашему внутреннему камертону.

«Мне страшно. Страшно. Страшно. Мне безумно страшно и мне хочется поделиться своим страхом.

Вот обязательно — поделиться.

Ходить «по улицам», дергать прохожих за рукава, заглядывать им в глаза снизу вверх — пусть «городская сумасшедшая» — это не больше моего страха, этого не видно на его фоне.

Мне очень страшно.

Никто еще не знает, что это будет. А я знаю. Мне хочется кричать и шептать, и спрашивать холодно-насмешливо: «А вам? Вам не страшно?»

— Нет.

— Да.

— Я знаю.

Эти смешные игры в «дочки-матери», когда у людей есть возможность думать, что это всерьез, а это нет. Что связь «родители-дети» — это навсегда, а «хлопнувшая дверь» — это «блажь и дурь — пройдет — есть захочет — вернется».

Мне страшно.

Мне страшно... А я даже не могу описать свой страх.

Там за страхом прохладно и немного похоже на смерть.

Когда-то меня, кажется, беспокоило, что мне не с кем это разделить.

Или и вовсе смешно, что меня никто не поймет.

Плевать. Когда мне это понадобится по-настоящему, я просто вылью на тех, кто будет поблизости, или на кого мне захочется это вылить, свой страх и свой ужас: "А каким будет мир после этого? А не для меня?" »

Автор — умная, красивая, талантливая женщина — нахлебалась от родителей — будь здоров! И наверно, самое ужасное, что могут сделать взрослые с ребенком — это поселить в нем семена страха и чувство собственной ничтожности на всю жизнь. А потом приходится бороться с этим, выковыривать из себя, отхаркивать и часто проигрывать...

Для меня в детстве самые страшные страхи — страшнее страшил — это школьные оценки. Потом страх переключился на сдачу экзаменов и сделал этот процесс невозможным. Когда я повзрослела окончательно, акцент страха переместился на тотальную людскую злобу ко мне (конечно, совершенно справедливую!). Вслед за этим страх совершенно логическим образом превратился в ужас за ребенка (дочери грозит смертельная опасность — из-за меня, подлой, ее жизнь и здоровье находятся под постоянной угрозой — я роковым образом ошибусь, не угляжу, вовремя не предотвращу). Но конечно, одному страху было бы скучно в моей голове, поэтому рядом поселились еще и политические страхи — что ждет нас в этой непредсказуемой и безумной стране, неужели над нашими детьми опять будут производить социальные эксперименты и опыты?

Вновь и вновь я ищу начало, момент старта, когда запустился механизм страха, ставшего главной составляющей моей жизни на долгие-долгие годы. Когда возникло чувство, без которого я не помню ни дня своей прошлой жизни? Уже миллионный раз провожу анализ (зачем?) и снова прихожу к одной и той же отправной точке. Это эпизод из детства: бойкот матери, который она объявила мне перед Новым годом и который продолжался все зимние каникулы. Что же такого страшного натворила десятилетняя девочка? О, она совершила настоящее преступление против своей такой замечательной, практически идеальной (о, если б не эта уродка-дочь!) семьи. Негодница получила в четверти тройку по труду, потому что не могла ровно строчить на швейной машинке. Позднее выяснилось — из-за тремора, дрожания пальцев, болезни, унаследованной от отца. Тремор не тремор, а тройка в семье Щербаковых была недопустима ни по какому предмету! И не просто трояк, а публичный! В школьной «процентовке» я попала в раздел «троечники», что и было объявлено прилюдно на родительском собрании, куда мать заявилась, по-моему, в первый и последний раз в своей жизни. Вселенский позор обрушился на ни в чем не повинную голову такой замечательной матери (!), женщины-труженицы (!!), самой Галины Щербаковой (!!!). Такое не прощается десятилетней преступнице. Свой праведный гнев мама бережно донесла до дома, не расплескав ни капли. О, как она тогда ненавидела меня! Это прекрасно было видно по ее злобному взгляду на меня, сжавшимся в нитку губам, дрожащему от праведного гнева голосу. И чтобы не оставалось никаких сомнений, прежде, чем замолчать на долгие дни и недели, она доходчиво объяснила мне, какое я ничтожество и как недостойна своей прекрасной семьи. Для справки: у мамы было высшее педагогическое образование.

Впервые в жизни я была не рада Новому году, не веселилась и не ждала чуда. Со мной не разговаривали, меня игнорировали, меня не любили. Было очень-очень плохо.

«Больше всего от молчаливых бойкотов страдают дети. Родители, не умеющие высказать свои мысли, часто прибегают к бойкоту как к средству давления на ребенка. Переставая общаться с ребенком и окружая его стеной молчания, такие взрослые наносят детям серьезную травму. Ребенок испытывает вину, унижение, чувствует себя одиноким и покинутым. Молчание родителей больно ранит его. По мнению психологов, такое наказание по силе воздействия граничит с побоями», — написала специально изучавшая эту тему известная журналистка Орна Навон.

Справедливость этих слов я в полной мере прочувствовала на себе. Возможно, было бы даже лучше, если бы мне «врезали» физически. По крайней мере, это не продолжалось бы целую вечность. Но разве могли моя суперинтеллигентная мама или еще более интеллигентный папа бить ребенка? Нет, мама знала способы поизощреннее, абсолютно «безопасные» и не порицаемые обществом. Подумаешь — бойкот!

Есть еще один жуткий страх, не преодоленный мною, и боюсь, что мне уже никогда от него не избавиться. Это страх присутственных мест. Точнее, мест, где царят чиновники, а мне от них что-нибудь нужно. Большую часть жизни я прожила в треклятом Совке, а потому знала всегда, что хамство, ор, унижение и очереди — неотъемлемая часть советского существования. Впрочем, как выяснилось, дело было не в Совке, а, скорее, в российской «ментальности», ибо и после Совка все осталось по-прежнему. В нашей стране нужно с младых ногтей учить человека бороться с чиновниками и отстаивать свои права: уметь, когда надо, повышать голос, ставить на место зарвавшихся хамов. Увы, меня учили прямо противоположному: я должна была быть удобной «в употреблении» всеми людьми — милой, тихой, безответной. Это на самом деле оказалось удобно всем, но прежде всего — моим родителям.

В общем, у них получилось. Я до сих пор не умею требовать и отстаивать свои права в присутственных местах. От страха я почти всегда чуть не теряю там сознание. Все плывет в глазах, ноги слабеют, меня трясет и тошнит. Это почти «эффект экзамена»!

Теперь я живу в Израиле, тут ситуация совершенно иная. И я учусь бояться меньше... Но я по-прежнему гражданка России, а потому мне еще предстоит не раз обращаться к нашим чиновникам. Стоит лишь подумать об этом, как мне становится нехорошо... Муж пообещал всегда и везде быть рядом со мной — моим голосом, который я не умею повышать, моим кулаком, которым надо бить по столу, моим кодексом законов, которые вылетают у меня из головы при виде чиновника. И это единственное, что меня утешает.

Почему я так боюсь этих столоначальников? Да все потому же: я недостойна их внимания, я «плохой» и неправильный проситель, меня можно и нужно игнорировать и посылать подальше. Все то же ощущение собственной ничтожности — родной сестры страха.

Ощущение себя плохой, порочной, ужасной по сравнению со всеми остальными жителями планеты длится многие годы, десятилетия. Помимо всего уже перечисленного, оно привело меня, в конце концов, к тому, что я почти не могу общаться с новыми людьми. Сейчас в реальном мире невозможно завести со мной знакомство. Я бегу от всякого нового общения, ведь я же не могу нравиться, люди просто меня терпят! Они сразу видят, кто перед ними, но они настолько хорошие, добрые и вежливые, что никогда этого не покажут, они будут терпеть мое присутствие, как эта несчастная Земля, которая неизвестно почему до сих пор меня носит.

Если человек вдруг проявляет ко мне симпатию и расположение, я испытываю непреодолимый страх от мысли, что он вот-вот меня разоблачит. Как же не бояться? Еще пара секунд — и он все обо мне поймет, узнает, будет сильно разочарован, и я увижу это на его лице, услышу в его голосе, почувствую холод отчуждения. Я очень этого боюсь! А потому предпочитаю сразу убежать, исчезнуть из поля зрения нового знакомца, ни в коем случае не продолжать беседу и даже не быть рядом.

Я не в состоянии никого просить ни о каком, даже самом пустяковом одолжении, вроде «Не могли бы вы подать мне салат?» или «Позвольте, пожалуйста, пройти». Я буду сидеть без салата и не смогу пройти туда, куда мне нужно. Лишь бы никого не обременять!

В магазине, если не дай бог ко мне кидается продавец с вежливо-улыбчивым «Могу я вам чем-нибудь помочь?» или «Разрешите, я помогу вам выбрать», я тут же «делаю ноги» и вылетаю из магазина пробкой. Предпочитаю сервис «а-ля советик», когда на покупателя никто вообще не обращает никакого внимания. Потому что если обращают и принимают меня за человека, то... то я будто вижу мамины гневно вытаращенные глаза, поднятые брови и слышу ее шипящее возмущение: «Как ты можжжжешшшшшь!» Как ты можешь тут ходить, дышать, смотреть, хотеть, да вообще — жить! Ты — самая недостойная среди безусловно чистых, прекрасных, умных, добрых и светлых людей — всех остальных на этом свете.

Было смешно... нет, все-таки грустно... В 1995 году я впервые поехала за границу, в Париж. Естественно, я влюбилась в него сразу, с первого дня, с первого глотка парижского воздуха. Но это банальность, известная всем, кто хоть раз побывал в этом городе мечты...

А не банально следующее... Буквально со второго дня я почувствовала, что меня переполняет огромное чувство благодарности — к городу, ко всем живущим там людям, к домам, к машинам. Город улыбчивый, люди доброжелательные, женщины очаровательные, мужчины галантные. Они такие! Так воспитаны, так привыкли. Но для меня это было чудом. Мне улыбаются, улыбаются так, как будто я — очень красивая, очень приятная, будто я им безумно нравлюсь. И у меня почему-то не возникает ощущения, что я мешаю и меня просто терпят. Я вдруг почувствовала себя симпатичной женщиной, совершенно своей в этом чужом городе, женщиной, которая нравится окружающим и которая никому не в тягость. На целых восемь дней Париж вылечил меня от моих комплексов. А потому в тот день, когда уезжала домой, я горько плакала: знала, что навалится на меня по приезде, знала, что в Москве не смогу сохранить это самоощущение. И еще я плакала от благодарности городу и людям, которые сумели заставить меня полюбить и начать уважать себя в течение целой недели. Когда самолет взлетал из аэропорта Орли, я прижала ладони к щекам, чтобы скрыть текущие по ним слезы, выглянула в иллюминатор и прошептала: «Прощай, Париж! Спасибо тебе, спасибо!»

Моя неспособность полноценно общаться в реальной жизни заменена интернет-общением. Мой лэптоп оказался спасением! Я приобрела через Сеть замечательных друзей, с которыми, вполне возможно, и в реальности у меня не будет проблем: я уже не боюсь быть им противной и ненужной. А в обычной жизни я никогда не смогла бы познакомиться и общаться с ними, мы никогда не смогли бы подружиться. В Сети, в своем блоге, я выговариваюсь, в том числе на темы, которые волнуют меня больше всего. Однажды я сделала там запись о страхе, и мои друзья развернули дискуссию об этом прямо в Интернете. Спасибо им огромное! Вот небольшая часть тех записей.

ЧТО ВЫ ЗНАЕТЕ О СТРАХЕ? НИ-ЧЕ-ГО!

Вы не знаете, что такое ад. Если даже вы теряли близких, если в вашей жизни случалось горе, но вы не жили годами в изматывающем страхе, то вы не знаете, что такое ад.

Все мое детство было отравлено удушающим, тошнотворным страхом. Я не знаю, что такое радость детства, вернее, не помню... Были, конечно, и радости, и игры, но мое детство кончилось очень быстро. Ибо я узнала страх. Он стал главным чувством в жизни, чувством, перекрывающим любую другую эмоцию. Засыпала с этим чувством и просыпалась с ним же в обнимку. Тогда я еще могла спать, но уже в утренней полудреме думала о своем страхе, размышляла, как с ним жить. Впрочем, тогда уже я узнала, что такое бессонница. В 10 лет. Не всегда, но часто не могла уснуть до трех часов ночи. И виной тому был страх.

Поначалу я жаловалась родителям. Мне не говорили «терпи», говорили хуже: не морочь голову, не дури, не сходи с ума и махали на меня рукой. Я убеждена, что родители искренне думали, что таким образом помогают мне, показывая, какая ерунда эти мои страхи. Но это было, мягко говоря, не так. Страх не становился меньше, просто к нему еще прибавлялось чувство вины, что я, уродина такая, не могу справиться с полной фигней, с которой ЖИВУТ ВСЕ. *Вот это главное: я была уверена, что всех мучает то же самое, просто они — сильные, умные и правильные, живут с этим и справляются, а я, ничтожество, не могу, мучаюсь.*

Я настолько глубоко увязла в этом убеждении, что в какой-то момент была поражена и не поверила, когда узнала, что люди живут спокойно, не дергаясь и не клацая зубами от ужаса, не думая постоянно о всяких кошмарах, напротив: вроде как искренне смеются, радуются хорошей погоде, солнышку и всякой забавной ерунде. Какое солнышко? Какая погода? Какое это все имеет значение, если... Нет, не может быть! Да, это я такая ничтожная, раз, в отличие от всех прочих, не могу не корчиться от страхов и не вижу солнышка...

Тогда, в детстве, все еще можно было поправить. Можно было вывести меня из это-

го состояния с помощью разговоров и других несложных способов воздействия на психику ребенка. Но от меня отмахивались: «Не морочь голову». А если учесть, что меня вогнали в это состояние именно родители... В общем, рассчитывать было не на что и не на кого.

Естественно, годы и годы подобного стресса не могли не вызвать уже органического поражения нервной системы. С какого-то момента страх превратился в болезнь. Но и тогда никакого лечения не началось.

Вот маразм-то! Даже уже став взрослой, я продолжала жить в убеждении, что причина во мне: я не могу справиться с тем, с чем живут все поголовно, но не жалуются. Впрочем, и я уже не жаловалась. Я лишь осторожно пыталась все-таки понять и исследовать, как живут прочие люди, каким образом они справляются с этим ужасом?

Какое же я испытала потрясение, когда поняла, что люди на самом деле вовсе так не живут! И тогда, наконец, в мое сознание закралась мысль, что со мной что-то не так, но вовсе не потому, что я — ничтожество. Должна была пройти еще пара десятилетий, прежде чем я явилась пред ясны очи соответствующих врачей и узнала, что меня надо лечить от страха и что упущено громадное количество времени.

Детство. Ранняя юность. Тогда еще мне можно было легко помочь.

Теперь нелегко. А во многом и невозможно. Об этом мне сказали врачи.

Что такое страх? Прежде всего — это боль. Болит все: сердце, желудок, мышцы, кости... Похоже на то, что железным крюком вам расковыривают внутренности.

Страх — это когда у вас меняется голос, потому что вы постоянно ощущаете на своей шее давление, будто кто-то собирается вас душить и уже начинает сжимать пальцы. Голос становится сдавленным и глухим, и с этим ничего невозможно поделать.

Страх — это когда перед глазами все время легкая дымка, будто вокруг вас накурено. Вы все видите сквозь эту дымку, а потому нечетко.

Это постоянная усталость — с самого утра ощущение, что вы всю ночь делали тяжелую физическую работу.

И тошнота, непременно тошнота. Может случиться и рвота, когда страх особенно нестерпим.

Вы мечетесь по квартире, непременно и постоянно задевая все предметы мебели и косяки... Поэтому и руки, и ноги у вас всегда в синяках. Но нормально двигаться не получается: вы либо мечетесь в ужасе, как загнанная зверушка, либо, потеряв все силы, падаете на кровать и, свернувшись в болезненный клубок — напряженный, с каменными мышцами, «отдыхаете», стиснув до боли зубы и чуточку подрагивая, как раненый зверь, пытаясь между колен согреть ледяные руки.

Избавления нет. Нет избавления.

Впрочем, нет, это не вы. Это я о себе. А вы, к вашему счастью, понятия не имеете, что такое ад. Даже если думаете, что пережили в жизни многое. Вы ошибаетесь. Самого страшного вы не испытывали. Оно длится десятки лет. И не дай вам бог...

Старый добрый друг из «реала»:

После всего того, что ты стала писать и пишешь, я поняла, почему ты тогда, давно, регулярно пропадала на некоторые промежутки времени. И дозвониться-достучаться до тебя было нельзя. Я раньше не понимала. С одной стороны, я прекрасно чувствовала, что ты любишь друзей и отношения с ними рвать не хочешь, а с другой стороны, вроде бы прячешься. Даже не отстраняешься, а именно прячешься. Теперь понимаю.

Я:

Да, мой дорогой дружочек... Боюсь, что многие на меня обиделись. Но я ничего не могла с этим поделать...

Новый друг Т.:

Я в 8 лет случайно услышала то, что не предназначалось для моих ушей. Взрослый разговор о том, что после сигнала воздушной тревоги у нас будет всего 14 минут, чтобы попытаться укрыться. Что такое ядерное оружие, нам уже доступно объяснили в школе, на уроках ГО. И началось... Обычно заснуть-то мне удавалось. Но я постоянно просыпалась в холодном поту (снились кошмары, в которых я не успевала в убежище), а после них — какой сон? Если буду спать, то не успею достаточно быстро проснуться, чтобы добежать до метро. Так и лежала, в полной боевой готовности, пока радио не начинало работать.

До этого я просто боялась темноты (мало ли что из нее выползет и придушит...), но про это говорить взрослым зареклась раз и навсегда. Меня решили «вылечить», наглядно показав, что темнота — безопасна. Выключили свет и заперли дверь до утра. Как я в ту ночь заикой не стала, не знаю. Но «вылечилась» и больше никогда на страхи не жаловалась. С войной еще добавилось суеверие, свойственное детям: пока молчишь, ничего не случится. А к старшим классам — стыд: взрослая девица по ночам, как овечий хвостик дрожит, прислушиваясь, не завоют ли сирены. Куда это годится?

Вообще-то этот «страх бомбы» очень характерен для детей 60—80-х. Много я встречала выучивших брошюру «Это должен знать каждый» наизусть, от корки до корки. Одна знакомая, например, перепугалась, узнав, что ее родной Челябинск входит в список городов, подлежащих уничтожению в первую очередь.

Я:

Слава богу, что это прошло и не покалечило тебя. А у меня страх войны был только в младшей школе. Потом его заменили совсем другие страхи...

Новый друг М:

Так хочется тебя обнять и пожалеть, как маленькую девочку.

Жаль, что этого недостаточно.

Врач нужен, но не тот, который тебе вбивает: «Избавления нет. Нет избавления».

Выход есть всегда. Поверь мне. После смерти мужа у меня начались панические атаки: летать боюсь, за дитё боюсь, нырять перестала.

Легче стало после того, как завела собаку и друга заботливого.

Держись!

Я:

Любимые и любящие рядом — это спасение! Потому что они понимают и помогают. А вот когда мечешься в одиночестве — страшно...

Новый друг С:

Ох, Катя! Мне проще было к врачу сходить и ему все рассказать — о страхах, мучениях. Он со мной возился, а мама и не знала ничего. Ну, а чего от нее было ждать? Презрительного «неврастеничка!» и тому подобное...

Неужели, думаю, у кого-то и правда такой опыт был, чтоб не бояться родителей расстроить, даже обидеть и не нести ответственности за их состояние? Сейчас главное — детей своих от этого оградить, ведь оно передается подсознательно!

Т:

У меня этого страха почти не было. Страх побоев был сильнее того, что мама расстроится.

С:

Кто б сомневался. Чем нас били, то нас и пугало больше всего. Тебя — побои, а меня — обвинения мамы, что я ее убиваю. Всем своим существованием убиваю. Чего-то ей не даю, а чего — мне было тогда не понять, и, наверное, у меня этого и не было.

Сейчас понимаю, чего ей надо было — чтоб я ей мамой стала, а не смогла — виновна! Приговор окончательный.

Я:

И меня били обвинениями, что я убиваю. Что расстраиваю. Не даю жить спокойно. Из-за меня сердце болит. Голова болит. Работать мешаю. Вместо того чтобы радовать мамочку, огорчаю ее своими проблемами. А страхи мои — дурь и чушь. Потому что голова фигней забита. Вместо того, чтобы...

Новый друг Ф.:

О, как знакомо. Я, наверное, была о-очень смелой девочкой, если в 8 лет набралась решимости и обратилась к маман с тем, что всего боюсь, вот вообще всего боюсь. Она меня круто отшила. Больше я ее не беспокоила.

Сука! Просто сука!

Я:

Да уж... Отшить ребенка — это правильно. Так делают все «святые» матери. И нимб над их головами начинает светиться еще ярче.

С:

Мне иногда кажется, самое страшное тут, что в таких случаях дети даже не в состоя-

нии до конца осознать всю степень нанесенного им ущерба, разрушения личности! Ведь всю жизнь главной задачей было — не беспокоить, не отсвечивать, делать довольное лицо, чтоб не тревожить мамочку... Некоторые так и умирают — молча, со счастливым лицом, больше всего страдая, что все-таки побеспокоили...

Мне нравится читать Ольгу Писарик, она так хорошо пишет о воспитании детей. Последняя статья была про позицию матери — «заботливая альфа». Это любящая мать, которая руководит ребенком и несет ответственность за него. А в конце приводится пример такой вот «альфы», только не заботливой, а требующей всего для себя (и заботы о ней, и ответственности за нее), называется «булли». Она любой недостаток, любую слабость детеныша воспринимает как возможность возвыситься над ним (вцепиться в горло). Мне это хорошо знакомо: «А, да ты ничтожество!» — с таким характерным мстительно-торжествующим, презрительным видом... Мне кажется, даже это их огорчение — просто замаскированное сладострастное смакование своего превосходства!

«Как только заботливая альфа видит нужду (ребенка. — К. Ш.), она инстинктивно стремится помочь, защитить, накормить,

обогреть. Как только булли видит нужду, она инстинктивно чувствует порыв доказать свое превосходство, воспользовавшись слабостью другого».

Новый друг 3:

У меня тоже все болит. И дергается. И еще я плачу.

Страх ли? Я думаю: вот останусь одна и не смогу себя прокормить. Как я буду без дома и еды? Одна.

Что такое ад, знают очень и очень многие.

Ф:

Как действительно важно для ребенка знать, что его защитят — и от дворовых придурков, и от хамов в метро, и от других идиотов. Сначала защитят, потом уже будут разбираться, что там произошло. Но в любом случае — дом ребенка должен быть душевной крепостью, где все — на его стороне.

Я:

Да, болезненный страх возникает тогда, когда ребенок не видит защиты в родителях, и уж тем более тогда, когда родители сами являются источником страха. Конечно, бывают личности, которые и это преодолевают, правда, неизвестно, какой ценой... Но тот, кто не смог преодолеть, непременно за-

болевает и мучается потом долго, иногда всю жизнь. Если только эта жизнь не получается весьма короткой…

И еще один интересный разговор получился у меня в блоге. По поводу бесконечного терпения и, как выяснилось, не только моего. Бесконечное терпение — отнюдь не хорошее качество, это то, что ужасно мешает жить и делает порой существование невыносимым. Но именно терпение старательно прививали таким, как мы — испуганным и закомплексованным. Страх, ощущение собственного ничтожества и умение бесконечно терпеть — такого «идеального» человека лепили и лепят многие родители из своих детей, делая их несчастными, но весьма «удобными в употреблении».

«ТЕРПЕЛКА» НИКАК НЕ ЛОМАЕТСЯ

«Терпи!» — именно так я говорю себе всю жизнь. Меня так воспитали. С самого раннего детства на жалобы, что мне неудобно, что-то колет, режет или побаливает, я слышала совет — когда сочувственный, когда раздраженный — «потерпеть». Жмет обувь и ноги болят — потерпи, колючий неудобный свитер — потерпи, хочется пить — терпи...

Годам к десяти я уже точно знала, что нужно всегда терпеть и не жаловаться. Я перестала жаловаться и научилась терпеть. Терпеть любое неудобство, любую боль и даже не думать о том, что можно и нужно сделать так, чтобы перестало быть неудобно или перестало болеть.

Это превратилось в полный маразм! При любой, даже очень сильной боли я не принимаю лекарство до последнего. Не спрашивайте меня почему! Я не знаю. Знаю, что мозг мне быстро выдает команду терпеть. И я его слушаюсь.

Несколько лет назад мы сели с Женей обедать, и он вдруг увидел, что я сижу на самом краешке стула в жутко неудобной позе. «Сядь удобно, откинься на спинку», — сказал он, а я молниеносно и с удивлением отреагировала: «Зачем?» Потом мы оба долго смеялись — ну форменный же идиотизм! Зачем сидеть удобно, на самом деле? Нужно так сидеть, чтобы спина затекла, а сиденье стула безжалостно врезалось в ляжки. Конечно, можно и посмеяться, но «фишка» в том, что и по сей день я именно так сажусь на стул. И лишь усилием воли у меня получается сесть нормально, как все люди, чтобы было удобно.

Я терплю врезавшийся в кожу крючок от лифчика. «Что ты морщишься?» — спрашивает муж. Я объясняю. «Выброси его. Купи новый, удобный». — «Ничего, я потерплю». Женя смотрит на меня с сочувствием: «Зачем?» Да уж, тоже мне — страстотерпица. Самой противно.

Мне на самом деле противно. Сама себе напоминаю какую-то православную ханжу, убежденную в благости страданий. Так ведь нет! Я всегда слежу за тем, чтобы моим близким было удобно, чтобы родные люди вовремя принимали таблетки и не терпели боль. Злюсь ужасно, если отмахиваются! А сама... Представляю, как я могу этим раздражать. Но это уже почти условный рефлекс: больно — терпи. Интересно, можно ли в моем почтенном возрасте поломать этот рефлекс?

Новый друг А:

Самые «любимые» привычки можно из себя изжить в течение 40 дней.

Попробуйте каждый день делать себе удобно, и все получится.

Новый друг Д:

Элементарно, Катерина. Развитая «терпелка» вам нужна была, чтобы выжить. Это просто инстинкт самосохранения. Какое-то время он вам помогал, но потом ситуация изменилась, а способы реагирования — нет.

Я:

Думаю, что маниакальное желание терпеть во что бы то ни стало — это была подспудная попытка стать хорошей и достойной. Ведь я была «неправильной» и «неудачной». Так пусть хоть это будет во мне «правильным» — буду уметь терпеть, как партизан на допросе у фашистов, до самого «победного» конца, даже если сдохну. Грустно это все... Тоже мне достоинство...

С:

Это точно, больше-то гордиться нечем, кроме как богатырским терпением! Чем еще так родителям можно было угодить?

Новый друг Р:

На вот эту привычку сидеть на краешке стула обратила внимание моя подруга (за собой заметила).

Ей помогла психотерапевтическая группа. Она почти год занималась, чтобы «крылья расправить» — ведь и сутулость, и стремление занимать меньше места в пространстве (ничего-ничего, не беспокойтесь, я так незначительна, не надо на меня внимание обращать) — все от неуверенности в себе.

Надо только заметить это за собой, контролировать и бороться. Но самое трудное — заметить это за собой! И признать, что это — проблема.

Я:

Да, я признала. Будем бороться, хотя «терпячка» — привязчивая болячка.

Новый друг Ш:

У меня такой же рефлекс. Велком ту зе клаб.

С:

Точно что рефлекс!

Поведение можно контролировать, менять, а вот неосознанное стремление все равно остается...

Я:

О! То, что сейчас происходит. При полном осознании...

С:

Да если бы одним осознанием можно было поведение изменить, как бы все просто было! Вот, к примеру, алкоголиков давно бы уже всех вылечили!

Я:

Да, мы, скорее, как собачки Павлова — сплошные рефлексы. А где же наше хваленое «сапиенс»?

С:

Сапиенс не сапиенс, а если природа требует — попробуй, воспротивься! Раз можно, два, много раз можно, но это же все будет против воли. Огромный расход ресурса то есть.

Вот я и думаю, не проще ли «забить» покуда на контроль и весь ресурс использовать экономно — в первую очередь, на изменение тех ложных постулатов, которые и есть всему причина?

Я:

Вот ведь вроде как все понято! А почему же?..

С:

Чтобы тебя и твои огромные ресурсы можно было удобно использовать, управлять ими, тебя надо непременно парализовать: внушить, что ты — пустое место, и они тебя осчастливили, что родили (ты просила?) и потом вообще не бросили. А на самом деле... Ох, какая же это тяжелая тема.

З:

Терпение притупляет боль. У меня болевой порог настолько высокий, что врачи в роддоме удивлялись: «Вы должны по идее уже кричать!», а я отвечала: «А что, уже можно?»

Я не обращаю внимания на факт терпения. Что я там терплю и как — уже не чувствую.

Терпение боли. Однажды меня обидели. Словами. Сильно. Внутри взвыла. Пришла домой и сделала себе электроэпиляцию. Одна боль заменила другую. И прошла. И теперь эпиляция для меня — не больно. Меня спрашивают: как ты терпишь? А я не терплю, как мне кажется...

Я:

Боль бить болью. Да, я о таком знаю. Иногда даже на себе применяю. Если меня мучает какой-то жуткий страх, то я быстро придумываю еще какой-нибудь страх, чтобы бояться сильней, в результате тот, первый, немножко утихает. А когда уже есть два страха, оно почему-то легче.

З:

Только «терпелка» проходит точку невозврата. Когда перестаешь чувствовать не только боль, потребности и желания, но и вообще теряешь возможность чувствовать. Например, можно долго терпеть «какую-никакую», но семью, потому что семья — это святое и разрушать ее нельзя... а потом уже даже не хочется искать темы для разговоров в этой семье... нет тем, нет разговоров... ничего нет.

Т:

Думаю, что «терпелку» надо воспитывать так, чтобы она была осознанной и осмысленной. Когда ребенок занимается спортом, например, терпеть ему приходится немало. Но он понимает, зачем все это нужно, ощущает результаты. Если же все бессмысленно, терпеж ради терпежа — вот такие эффекты и возникают...

Я тоже, кстати, очень долго не понимала разницы между впившимся в бок крючком от платья на сцене, и такими же ощущениями в быту. Потом, правда, дошло, что уйти со сцены и поправить ситуацию я могу только в положенное время, там — работа. А в работе бывает всякое. Но когда я в любой момент могу избавиться от неприятных ощущений, но этого не делаю — надо что-то «в консерватории» менять...

Я:

Конечно, бывают ситуации, когда уметь терпеть необходимо! Работа — одна из них. А вот терпеж ради терпежа... Об этом, поганом, и речь. Вот именно — «консерватория»! Перепрограммируйте меня, пли-и-из!

Т:

Только сама сможешь перепрограммироваться. И я — только сама. Так уж сложилось «исторически», что-либо продолжаешь терпеть, либо приводишь «консерваторию» в порядок... А она тебе чуть не каждый день сюрпризы устраивает.

Новый друг К:

Это не убежденность в благости страданий — это уже условный рефлекс. «Спасибо» дрессировщикам!

Не знаю, можно ли сломать этот рефлекс, но уверена, что надо продолжать попытки сделать это. Будем делать параллельно, а потом поделимся результатами.

Словом, продолжаем бороться и меняться. Пожалуй, это никогда не поздно, потому что никогда не поздно начать жить по-человечески, а не по-рабски покорно и в страхе.

Кое-чему я уже научилась: противостоять тупой агрессии. Научилась не бояться и не стесняться говорить дураку, что он дурак, а мерзавцу — что он мерзавец. И даже — о чудеса! — давать сдачи. Не физически, разумеется, хотя, наверное, уже тоже смогу. Я не боюсь. Для меня это огромное достижение! И я счастлива. Неужели когда-нибудь я смогу окончательно справиться со страхом?

ВИНОВАТА В ТОМ, ЧТО ЖЕНЩИНА...

Когда поддаешься страху перед злом,
то уже начинаешь чувствовать зло страха.

Пьер Бомарше

Есть еще один кошмар, который преследует меня с детства, часто отравляет жизнь многим девочкам, а потом и подросшим девушкам... Этот страх может не кончиться и у взрослой женщины. Впрочем, не совсем так... Страха как такового уже нет, но с годами он превращается в не менее гадкие вещи: комплекс женской неполноценности, ощущение себя грязной — в общем, целый букет чувств, делающих жизнь несчастной, постылой.

Я имею в виду сексуальные страхи... Возможно, мужчины даже не представляют себе, насколько разными, причудливыми и мучительными могут быть эти девичьи-женские кошмары, а возникают они вовсе не на пустом месте.

Детские страхи (из рассказов знакомых и друзей)

«Мне кажется, что корни неприятия себя как женщины у меня растут не только из родительской семьи, но и из особенностей педагогики на советский лад. Во-первых, была у меня «воспиталка» в детском саду, которая, если кто-то из детей шумел в тихий час, раздевала ребенка догола, завязывала ему глаза, ставила на подоконник и уходила. Со мной никогда такого не проделывали, но один только мучительный страх, что могут, превращал мою жизнь в ужас. А с одним моим знакомым так поступали не раз. Он рассказывал, что мучительно страшно и стыдно было вот так стоять перед всеми. Его детсад был в другом городе. Значит, «педагогический» прием этот применяли повсеместно, что ли?

А как издевались над нами взрослые бабы-«воспитательницы» в пионерских лагерях! Честно, встретила бы сейчас кого-то из них — просто избила бы. Нам было лет по 10—11, и что выдумывали эти идиотки! Если кто-то в тихий час болтал, шумел, они выставляли девочек в одном нижнем белье в палату мальчиков. Ну, или в качестве «акта милосердия» — просто в общий игровой зал (куда опять же могли загля-

нуть мальчики). На хрена? Извините, но других слов нет! На хрена было глумиться? Ломать детскую психику — это просто садизм! Я, как только вспомню, у меня комок в горле... ненавижу этих дур, ненавижу!..

Как они вбивали нам в голову, что быть женщиной стыдно! Мне повезло, мне на самом деле повезло — я в середине сезона сломала руку, и меня отправили в изолятор. «Воспиталки» приходили и просили меня не писать маме, что я сломала руку, ведь мама будет волноваться. Еще бы! Любой родитель начал бы волноваться, звонить в лагерь, а то и устраивать разносы... Правда, сомневаюсь, что моя мать стала бы это делать.

Сейчас вспомнила, и сердце колотится... Никто эти вещи не признает за насилие, а ведь это было самым настоящим насилием».

Наверное, некий «здравомыслящий» взрослый скривит рот и презрительно заметит: «Хм, какие, право, пустяки! Такая чушь не может поломать психику девочки...» Может, уважаемый, еще как может! Это взрослым (да и то не всем) в сексуальной сфере давно все известно, ясно и очевидно. А дети, представьте себе, вообще ни о чем таком понятия не имеют. Они чисты и непорочны, в отличие от воспитателей и своих родителей. Для них все, что делит людей на женщин и мужчин, —

новость, все — открытие. И даже если им что-то говорят взрослые дураки, дети воспринимают сказанное на веру, безусловную веру, потому что большие дяди и тети для них прежде всего взрослые, а глупы они или умны, малышам станет известно гораздо позже.

Давайте рассмотрим, что творили эти горе-воспитательницы (господи, сколько же их было и остается на одной шестой суши?!). Сначала девочке внушают, что оказаться в белье перед мальчиком — срам и позор. Она это хорошо усваивает с младых ногтей, становится стыдливой. А потом воспитатели (это определение идет им, как корове седло) в наказание выставляют малышку в белье перед мальчиками. Попробуйте представить себе, что творится в голове у девочки? Она вообще теперь не понимает, как же жить дальше, если случилось самое страшное, да еще по ее вине? О том, что идиотки-«воспиталки» плохо соображают, ребенок не подумает никогда. Он всю вину примет на себя. И раз его наказали самым позорным образом, значит... А вот думайте, взрослые, что будет дальше.

Глупые взрослые вколачивают в мозг девочек страхи и запреты бездарно, без объяснений, а главное — не вселяя в них уверенности в защищенности. Ведь запреты ей просто нужно знать, чтобы быть умной. Нет! Эти «педагоги» делают страшные глаза и на визгливо-повышенных тонах внушают ребенку, что с ним будет, если... И что он будет сам виноват, если... И что он никогда не должен, а то... Иначе его вот этими вот руками... Стыд, срам и позор... И никогда не отмыться...

Девочки, еще толком не зная, откуда берутся дети, до ужаса боятся забеременеть, потому что «это самое страшное, что может случиться с девочкой и с девушкой — лучше смерть!». Нередко страх изнасилования внушается девочкам даже позже, чем страх беременности. Но непременно тоже внушается. Правда, нередко, наставляя дочку в этом отношении совершенно правильно (смотри по сторонам, чтоб за тобой никто не шел; осторожно входи в подъезд; в лифт с посторонними дядьками не садись), родители перекладывают всю ответственность на нее саму. И после честно исполненного долга уже не оторвут пятую точку от дивана, чтобы встретить девочку-подростка хотя бы вечером у подъезда. Она сама, как разведчик, мелкими перебежками добирается до отчего дома, постоянно оглядываясь и шарахаясь от каждой тени. Она знает: если с ней что-то случится, виновата будет исключительно она сама, даже не насильник. Это из моего собственного опыта. Но как выяснилось, не только моего и не только в этом смысле благополучного.

Бывают истории страшнее. Девочку изнасиловали, когда она была еще совсем ребенком. И что же мама с папой? Они обрушились с обвинениями на... саму дочку. А еще не стали заявлять в милицию, потому что стыд и позор падут на всю семью!

Думаю, не надо обладать слишком большой фантазией, чтобы представить, какими вырастают в таких случаях девочки, кого они считают истинными виновниками своих бед всегда и во всем, как они относятся к мужчинам, к любви, умеют ли ценить и любить себя и, наконец, могут ли они жить спокойно и без страха.

По моим наблюдениям, именно испуганные, робкие, закомплексованные девочки чаще всего становятся жертвами сексуальных домогательств и насилия. Они с самого начала своей жизни потенциальные жертвы, они всегда готовы к чему-то ужасному в отношении себя, ведь они плохие и сами во всем виноваты. Они заранее боятся, и часто с ними случается именно то, чего они опасаются. Мне иногда кажется, что насильники, как дикие животные, чуют (ухом, рылом или еще каким местом), когда жертва слаба и беззащитна. А девочки эти не только физически слабы, но еще совершенно бессильны психологически и не имеют реальной защиты. А вину за происшедшее сразу же берут на себя. Их так приучили, научили, им внушили и их убедили. Еще и поэтому страх столь велик: ведь в случае чего их ждет не сочувствие и помощь, а обвинительный приговор и наказание.

Я пережила сексуальные домогательства старшего брата. Мне было стыдно, плохо, страшно... Но я молчала и никогда не жаловалась родителям, потому что считала виноватой себя. Не надо искать в этом логики, ее нет и быть не может. Как я понимаю, это какой-то очень серьезный психологический слом личности, рукотворный слом — результат родительской «любви» и «заботы». Я уже была взрослой, семейной дамой, сама была матерью, но много-много лет гнала от себя ужасные воспоминания, не решаясь думать о них, а уж тем более — высказать вслух. И все потому, что мне было стыдно! Мне! Как будто я в чем-то виновата. Лишь к 40 годам поняла: та девочка не была виновата ни в чем, девочка — жертва. И стыдно должно быть не ей. Но сорок лет жизни с чувством вины уже позади...

Я очень боялась! Боялась темных подъездов, боялась идущих навстречу мужчин, шарахаясь от них, как от привидений... В темной Москве 70-х было опасно: дворы и подъезды не освещены, огромное количество пьяниц, хулиганство запредельное... Не понимаю, кстати, почему у некоторых (многих!) людей такая короткая память? С какой нежностью и ностальгией они вспоминают «спокойное» брежневское время, удивительно! Я помню это время как самое страшное в моей жизни. Именно тогда изнасиловали и убили в подъезде мою одноклассницу. Именно тогда я сама не раз подвергалась огромной опасности, когда за мной увязывались мерзкие типы, приставали мутные личности с сальными рожами, когда в переполненном транспорте меня щупали взрослые дядьки... Страх въелся в меня, как ржа в металл. Мужчина, не успев стать сексуальным объектом для подрастающей девушки, превратился в гадкую, мерзкую опасность, которую ежедневно нужно избегать, прилагая для этого немало усилий.

Наверное, было бы вполне логично упрекнуть моих родителей в том, что у меня именно такие воспоминания. Не исключено, что если бы меня встречали, когда было опасно, не вынуждали одной ходить по темным дворам (гоняя в музыкальную школу по вечерам), если бы я чувствовала себя защищенной и оберегаемой, то не исключено, что «брежневский застой», пришедшийся на мои детство и юность, я тоже вспоминала бы с «чувством глубокого удовлетворения».

Но мне было постоянно страшно. Каждый вечер я возвращалась домой с молитвой «Боже, помоги мне дойти целой до дома!». Жаль, что в эти тошнотворно-гнусные тона окрашены мои воспоминания о детстве и ранней юности. Туда не вернуться, а для смены колера еще не придумали средства.

Помните, я приводила слова моей знакомой о том, как она «побежала замуж за первого, кто позвал, только бы не изнасиловали» и с тех пор уже 15 лет терпит «законное» насилие от собственного нелюбимого и опостылевшего мужа? В итоге еще молодая женщина заработала проблемы и с головой, и по женской части. Это достаточно стандартный результат для девочек, напуганных, запуганных и часто ставших жертвами домогательств или насилия.

Многие из нас «бежали» замуж как можно раньше именно из-за страхов: перед мамой, своей женской несостоятельностью, насилием, собственной незащищенностью от всего этого. Мы искали в мужчине опору, ту самую «каменную стену», за которой можно спрятаться. И возможно, только в десятой степени мотивом к замужеству была любовь. Мы «бежали» замуж очертя голову, часто не особенно думая над своим выбором. Нас гнали страх и чувство собственного ничтожества. У кого-то есть собственное достоинство, у нас же исключительно собственное ничтожество. И ноль достоинства... Страхом из человека выбивается все, там уже нет места для достоинства, самолюбия и самоуважения. Нас мог позвать замуж практически кто угодно, не встретив отказа.

И еще... Многие из нас так и не узнали радостей физической любви. Многие навсегда остались зажатыми, боящимися непонятно чего, не доверяющими ни себе, ни партнеру. Закомплексованными и испуганными перед самим словом «секс». В общем, минус еще одна радость в жизни... В остатке не вполне полноценная любовь, часто недовольство и недоумение любимого человека, еще чаще имитация удовольствия, после которой сама себе противна.

Я по-настоящему узнала радость секса с любимым лишь в 37 лет. И считаю, что мне очень повезло. Есть несчастные, к которым это так и не приходит. А причина кроется в детстве, когда некоторым девочкам навсегда сломали заложенное природой умение радоваться, в данном случае получать удовольствие от физической близости с мужчиной. В каком-то смысле взрослые умертвили плоть будущей женщины. И вряд ли, проживая не в диких, все еще средневековых странах, а в просвещенной Европе (в культурном смысле), они имели целью выполнить эту злобно-ханжескую религиозную задачу.

И еще одно замечание. Любящие родители, внимательные к своим детям, запросто становятся серьезным противовесом любой бесчеловечной детсадовской и школьной системе воспитания. Поэтому для того, чтобы всерьез искалечить психику ребенка, чужими дядями и тетями не обойтись. Нужны «близкие контакты первого рода» — мама и папа. Именно такие, какие были у меня и у моих друзей по несчастью. Всякий раз, когда я думаю об этом, меня захлестывает волна такого гнева, что я готова кричать родителям: «Будьте вы прокляты!», но быстро вспоминаю, что они и так прокляты, без моих пожеланий. Это немного, но утешает.

С высоты своего опыта и возраста мне хочется сестрам по несчастью пожелать того же самого, что произошло со мной: исцеления от невозможности радоваться плотской любви с любимым человеком. Ни в тридцать, ни в сорок и ни в пятьдесят лет вовсе не поздно обрести такое счастье. Главное, найти человека, который вас поймет, поймет всю боль, которую вы несете по жизни, ужаснется кошмару вами пережитого, станет вашей настоящей защитой и опорой. И вы полюбите его. И прошлое отступит.

Предлагаю тем моим читательницам, кому это нужно, попробовать поверить мне, а потом, наконец, и самим себе. Каждая из вас — прекрасная женщина, а главное, вы ни в чем не виноваты и вам больше нечего бояться. Я прекрасно понимаю, что написать такие слова в миллион раз легче, чем нам с вами в них поверить. Знаю, не получится сразу, страх и ощущение собственной никчемности (ложное, ложное ощущение!) так просто не сдаются и не хотят покидать своего «хозяина», ведь паразиты по сути своей. Но стараться нужно! Поднять голову. Посмотреть вокруг себя внимательно. Не отвергать (через страх!) перспективных возможностей изменить свою жизнь, ни единого шанса не упускать! Все наше прошлое с его страхами и отвратительным психологическим состоянием — гадость, через которую надо переступить и, не оглядываясь, идти дальше. Жизнь продолжается, вы, мои новые подруги, — замечательные женщины, которых незаслуженно обидели и здорово напугали. Пусть тем, кто с вами сделал это, все воздастся в десятикратном размере. А вы сегодня, сейчас будете пробовать все начать заново. Без страха. Его больше нет. Он — в прошлом.

ЧТО-ТО ВРОДЕ ЗАКЛЮЧЕНИЯ

> На смертном одре с облегчением видишь, что почти все твои страхи были совершенно напрасны.
>
> *Кшиштоф Конколевский*

Мне очень нравится афоризм, вынесенный здесь в эпиграф. Мудро и остроумно при внешней банальности! К сожалению, очень многое мы понимаем слишком поздно. И особенно обидно, когда приходит осознание, насколько бездарно были прожиты годы, потраченные черт те на что. Чем позднее это начинаешь понимать, тем обиднее... Меня «озарило», слава богу, все-таки не на смертном одре. Правда, полжизни коту под хвост! Но, надеюсь, у меня еще есть вторая половина. Скорей всего, поменьше, но уж оставшуюся часть своего существования я постараюсь прожить полной и счастливой жизнью. Пожалела себя немножко — и хватит. Осознала все, и отлично. А дальше живу, как все нормальные... нет, как все счастливые люди. Набоялась я за свою жизнь столько, что на десяток полных биографий хватило бы. Довольно.

Интересно, неужели люди, которым повезло не пережить подобного и их жизнь в этом смысле сложилась благополучно, набросятся на меня и мою книгу с фырканьем, бранью, глумлением и хохотом? Так было после публикации моей книги «Мама, не читай!». Я поразилась, как много, оказывается, злобных и неумных людей! До этого я была лучшего мнения о процентном составе человечества. Так что теперь не удивлюсь, если и в этой книге моральные уроды найдут повод для злости на меня и таких же «бояк», как я. И все-таки поохаю, как же их все-таки много, уродов-то... Если бы их не было, то некому было бы портить и ломать жизнь остальным. Тогда и проблемы, о которой я написала, не существовало бы. А значит, не было и книги бы... Какая-то логическая эквилибристика получилась. Впрочем, если бы можно было поменять мои книжки на всех глупых и бездарных родителей, я бы сделала это с огромной охотой. Не было бы плохих родителей, не было бы детей, покалеченных ими, не о чем было бы мне писать. Полная аннигиляция.

Помечтали и хватит! Не будем впадать в маниловщину.

Впрочем, я вполне допускаю, что жизнь накажет (о, теперь это я говорю!) тех, кто жестокосерден и эмоционально туп. Вот с ними на самом деле может случиться всякое. Они реально приносят людям зло, они отнюдь не дети малые, невинные. Нет, они говорят гадости и творят зло осознанно, даже продуманно. И не бог им судья, а мы. Я в том числе. Я их сужу и имею на это право. Они виновны по предъявленным пунктам обвинения. А приговор приведет в исполнение жизнь, которая непременно все расставит по своим местам.

Вообще-то я думаю, что по-настоящему мудрый человек безо всяких пинков от жизни познает истины, которые кое-кому открываются лишь в тяжелой болезни или через ужасные драмы. Мне трудно считать себя мудрой, поскольку я осознала многое именно через драмы и боль. Но я точно знаю, что никогда не фыркала и не презирала тех, чью высказанную боль я не понимала. Тем же, кто поступает иначе, возможно, именно поэтому, предстоит страшный путь. Я им не завидую, но они его выбрали сами.

* * *

Я решила закончить книгу небольшой леденящей душу историей об уродах, неудачниках, глупцах и проходимцах, потому что ее главным героем является страх. Не патологический, о котором шла речь до этого, а простой такой, понятный и всем знакомый страх смерти, могил и покойников.

ПРЕСВЯТОЕ ДЕЛО,
или
ДАЧНЫЙ ПОГОСТ

Набросок сценария для черной комедии

(написано с натуры)

Подмосковье, жара. Воздух стоит и плавится. Даже насекомых не слышно, видимо, они тоже, как и прочие живые существа, впали в вечную сиесту. Жарко...

На резной веранде огромного дома в роскошной усадьбе, обнесенной высоченным плотным, практически воздухонепроницаемым забором, сидят двое мужчин в легких шелковых халатах. Видно, что жара разморила их. Они только что напились горячего чая. На столе перед ними опорожненные фарфоровые чашки, по поллитра каждая, на огромных блюдах лежат оставшиеся нетронутыми пирожки-кулебяки, в вазочках щедро налито малиновое варенье, сваренное из собранных прямо здесь же, в палисад-

нике ягод. В усадьбе много еще произрастает всяческих деревьев, кустарников и растений с вкусными плодами: красной, белой и черной смородиной, клубникой, круглым и продолговатым крыжовником, черноплодной и сладкой красной рябиной, садовой черникой и брусникой, крупным терном и конечно же вишней семи сортов. Все ягоды, каждая в своей фарфоровой плошке, живописно украшают стол. Во фруктовницах на высоких ножках покоятся яркие, как будто сделанные из воска и раскрашенные умелыми мастерами народных промыслов, ранние летние яблоки, мелкие, но сладкие груши, черные и зеленые сочные сливы. В центре стола специальную серебряную подставку возглавляет почти метровой высоты ананас, только что срезанный в оранжерее хозяина и увенчанный серебряным двуглавым орлом. Очевидно, что чаю предшествовала обильная трапеза, и на фрукты с ягодами сил уже не хватило.

Удивительно красивую резьбу веранды скрывают от восхищенных глаз вьющиеся растения — плющ, дикий виноград, вновь модные в этом сезоне клематисы, а также удивительно мощный вьюн, который местные дачники называют «ежовым плодом». Все это настолько густо разрослось, что веранда снаружи натурально смотрится гигантским зеленым тентом на зеленых же колоннах. А внутри, под покровом зелени настоящее спасение от палящего свети-

ла, ни один лучик которого не в состоянии пробить плотную живую преграду.

Зато большой бассейн в форме неправильного овала полностью открыт для естественного нагрева проточной голубоватой воды. Она манит своей прохладой, но очень уж не хочется выходить из спасительной тени веранды под палящее солнце. Ну, чисто тропики!

— Может, в дом? Под кондиционер? — участливо спросил хозяин усадьбы своего гостя. В ответ тот отрицательно покачал головой:

— Мне эти кондиционеры уже вот где! — и ребром ладони постучал по горлу. — Пусть жарко. Зато воздух настоящий.

— Тогда еще по чайку? — спросил хозяин. — Глаша! — крикнул он в сторону распахнутых дверей в дом. Оттуда выскочила статная, дебелая, чистенькая Глаша в белом передничке и с белым же кокошником на голове.

— Звали, барин? — пропела она нежным девичьим голоском.

«Ишь ты, «барин», — подумал гость, — ну, дает Никитка!»

— Ах, ты моя хорошая! — заулыбался хозяин в роскошные усы. — Нет, ты видел, Володя, какая красота? Настоящая русская красота! Ты на ее косу, на косу-то взгляни!

Гость повернул голову и, чуть прищурившись, внимательно поглядел на длинную, в руку толщиной, русую косу, которую Никита уже дер-

жал в руке, подбрасывая, как бы взвешивая русое золото. Глаша стояла к нему спиной, слегка откинув голову назад и пунцово краснея от смущения. Никита хмыкнул, довольный:

— Хороша коса?

— Хороша, — спокойно согласился гость.

— Ну что, Глашенька, еще нам чайку сделаешь? — Никита откинулся на спинку старинного, но как нового, кресла, закинул руки за голову и посмотрел на ладненькую девушку с нежностью и покровительственно.

— Да-да, конечно, — защебетала девушка. — Я еще вам пирожков принесу, только что испеченных! Вы какие лучше любите — с вишней или с яблоками? — Глаша трогательно сцепила пухленькие ручки под грудью и по-детски доверчиво посмотрела на обоих мужчин. Гость, невысокий крепыш с непроницаемым лицом, на котором трудно было прочитать какие бы то ни было эмоции, с хитрыми глазками-буравчиками, вдруг улыбнулся расслабленно. Глядя на прелестное юное существо, он залюбовался ею.

— Да что ж ты спрашиваешь, милая! — воскликнул хозяин. — Неси и те, и другие!

— Только чуток попозже, дай в себя прийти после кулебяки, — добавил гость.

Глашенька закивала и бросилась в дом. Гость проводил ее ласковым взглядом.

— Русская красавица, — задумчиво произнес он. — Душа радуется. А ты, Никита, барин. Ти-

пичный барин, — Владимир засмеялся и, чуть подавшись вперед, хлопнул друга по плечу. Никита на мгновенье напрягся, но потом обезоруживающе заулыбался в пышные усы и тихонько сказал:

— Да и пусть барин. У меня, ты знаешь, три поместья... — он запнулся, — ...три усадьбы в Подмосковье, две — в Крыму, одна — на Кавказе...

— Ну, и в Испании заодно, и в Майами... — сощурил глазки Владимир.

— Ну, эти... — хозяин сморщился, как от кислого, и махнул рукой. — Это ерунда. Неинтересно. Вот эти земли, русские, — он широко расставил руки, будто приготовившись обнять кого-то очень толстого, наверное, хотел объять всю родную землю, — это мой интерес, моя судьба, мой крест, если хочешь...

«Эк, куда тебя понесло!» — подумал гость, а вслух негромко проронил:

— Мой тоже.

Никита воодушевился:

— Мы с тобой с разных сторон, так сказать, с разных флангов заняты одним делом: возрождением родины. Так ведь?

— Так, — коротко ответил гость, чуть нахмурившись.

Никита догадался, что Владимир начинает погружаться в свои мысли, в работу, в проблемы и неприятности, которые непременно сопро-

вождали его титаническую деятельность на благо отечества. Хозяин понял, что друга надо срочно отвлечь, а то закручинится, затоскует — нехорошо это.

— Володя, что я тебе рассказать-то хотел, — с энтузиазмом начал Никита, положив руку на ладонь гостя и как следует тряхнув ее, чтобы вывести того из задумчивости. — Ты ж не знаешь, какая тут история была...

— Где? — очнулся Владимир.

— Да тут! На месте моей усадьбы, — хозяин описал рукой дугу, которая вместила бассейн, рощицу, беседку и теннисный корт. — Тут же двадцать лет назад был дачный кооператив...

— Что было? — изумился гость. У него еще с Перестройки была идиосинкразия на слово «кооператив».

— Я не так сказал, что ли? — смешался Никита. — Ну, вроде они так назывались... Эти... которые по шесть соток... С огородами... Где народ вверх попой все выходные проводил, — Никита засмеялся.

Гость тоже заулыбался, но заметил:

— Это то немногое, что было у народа. Шесть соток.

— Ну да, шесть соток. Вожделенные сотки — самое главное богатство, — тон Никиты стал то ли презрительным, то ли насмешливым.

Гость неодобрительно поцокал языком и покачал головой:

— Ишь ты как! Они ж не виноваты, что больше у них ничего не было.

— Я их не виню, — заоправдывался хозяин. — Просто они так молились на эти свои жалкие клочки земли... А результат? Я купил здесь все! — В голосе мужчины вдруг лязгнул металл. — А у них опять ничего нет... — развел он руками, надул щеки и издал губами неприличный звук. — Впрочем, я не об этом. Была у меня во времена оны в знакомых одна деловая дама по имени Ада. Благодаря ей я эту землю и приобрел... Вроде сейчас она где-то далече, за океаном, а тогда... Нет, — перебил себя Никита, — начинать надо по-другому... Я тебе буду в лицах рассказывать, чтоб интересней было.

— Ну, ты ж у нас творческая личность, как же иначе?

— В общем, дело было так...

...Похоронный автобус медленно пробирался по подъездной неширокой дороге, лавируя между разнокалиберными, разноцветными заборчиками дачных участков, к которым уже прилипли изумленные зрители — хозяева шести соток и стандартных дачных домиков. Они побросали свои огороды, клумбы и гамаки. Автобус же явно пробирался в самую середку садово-огородного товарищества «Дружное» и совершенно

очевидно был именно похоронным — с соответствующей черной полосой и мрачными лицами, видневшимися в окнах.

Так и есть! Автобус подъехал к центру «Дружного» и, напоследок издав рыкающий звук и выпустив черный взрыв дыма, затормозил у единственного необихоженного участка: у него не было своего заборчика, на нем не стояло никакого домика и землицей здесь никто никогда не занимался — ни тебе огородов, ни цветов, ничего вообще не было. Сам участок лишь угадывался благодаря соседским заборам по периметру, которые создавали его приблизительный контур.

Дверцы автобуса распахнулись. Оттуда выскочил молодой, плечистый мужчина в черном костюме, учтиво подавший руку следующей за ним даме в черном. То была высокая, худая женщина лет сорока в элегантном черном пиджаке (это в двадцать пять градусов тепла!), узкой, длинной, черной юбке. Ее голову покрывали изящные черные кружева — длинная шаль, концы которой были переброшены назад через плечи. Особенно красиво выглядели на черном фоне ее золотые кудри, падавшие на бледные щеки... Глаз не было видно за черными очками в изящной серебристой оправе. Нет-нет да и вытекала из-под черных окошечек большая, тяжелая капля, которую дама промокала кружевным черным платочком. Платочек был акку-

ратно зажат между двумя длинными, тонкими, ухоженными пальцами левой руки — большим и средним.

«Однако! — подумал, куря у своего забора, Олег Витальевич Смирнов, один из самых близких соседей пустого участка. — Давно ее не видел, уже года три, наверное. Чего это она приперлась? И что за маскарад?» Дама была всего шагах в десяти от Олега Витальевича, и он не выдержал, окликнул:

— Ада!

Дама вздрогнула и быстро обернулась. Она схватилась было правой рукой за дужку очков, должно быть, снять хотела, но передумала и отдернула руку. Поэтому Олег Витальевич мог лишь догадаться о том, что его разглядывают и, видимо, узнали, судя по тому, что дама кивнула ему в знак приветствия. Олег Витальевич собрался было еще разок позвать Аду и спросить кой-чего, как вдруг среди дачников раздался вопль изумления, испуга и возмущения одновременно. Пока Смирнов играл в гляделки с черными очками, из автобуса успели выгрузиться музыканты с инструментами, а три пьяномордых бугая в рабочих спецовках стали аккуратно выгружать... гроб. Дама с плечистым молодым мужиком приникли друг к другу, она вытерла выкатившиеся из-под очков две слезы. Оркестр из десяти человек начал потихонечку настраиваться.

— Что тут происходит? — визгливо спросила Валентина Павловна, бывший бухгалтер какого-то главка, а ныне бухгалтер «Дружного» — толстая, скандальная баба, у которой с некоторых пор любимым стало слово «собственность». За любую свою «собственность», вплоть до отдельно взятой травинки на ее сотках, она могла отдать жизнь, честь, совесть и все прочее, как свое, так и всех родных и близких, которые, по-видимому, чуя это, не особенно баловали Валентину Павловну своими визитами. — Что это за комедия?

Дама Ада вздрогнула всем телом и, схватившись за лицо, повернулась к бухгалтеру и громко зашептала:

— Я вас умоляю: это мой отец... Не надо! Не говорите так! — И, обессилев от горя и страдания, женщина зарыдала и начала оседать на землю. Плечистый бережно подхватил ее и не дал упасть. Он что-то нежно пошептал ей в кружевное ушко, она быстро закивала, соглашаясь, и вновь обрела равновесие.

Гроб поставили на приготовленные заранее восемь табуреток. Дама с Плечистым приблизились...

— Они его откроют? — звонко спросила десятилетняя Машка у своей бледной, тощей мамы Вики, голова которой была обмотана полотенцем в честь очередной мигрени.

— Не дай боже, — прошептала Вика, прижимая к себе дочь.

Гроб открывать не стали. Зато оркестр грянул похоронный марш, и жаркий, майский, субботний день померк в глазах еще так недавно безмятежных дачников.

В садово-огородном товариществе «Дружное» были люди из самых разных сфер: из каких-то НИИ, контор, трестов, но самые лакомые, центральные кусочки в свое время (в девяностом году), когда «Дружное» только создавалось, были отданы одному райкому ВЛКСМ. С тех пор столько воды утекло, а вместе с ней и семеро бывших райкомовцев, приятелей и соратников по партийной работе Олега Витальевича Смирнова. Они продали свои сотки еще года три назад и, по слухам, отнюдь не от бедности и гонений, а, скорее, совсем наоборот. Но поскольку они сами не распространялись на сей счет, то и Смирнов не желал вникать в эти тонкости-детали. В сущности, он, при своем «гендирстве» в процветающей фирме тоже мог бы уже давно поиметь себе чего получше, побольше, покрасивше. А зачем? Его вполне устраивают эти шесть соток, этот милый трехкомнатный домик, куда уже и воду провели, и электричество и картошка прет, как облученная. Не, он не будет уподобляться! Да и в случае каких-то исторических разворотов, которых он ждет буквально со дня на день, к нему у народа никаких претензий быть не может... А в Анталию да на Кипр они с женой и двенадцатилетним Генкой каждый год по два раза ездят. Так зачем ему дворец в Подмосковье? Чтоб за него трястись и на охрану бешеные бабки тратить?

— Ой, Люсь! Остынь! Из-за склок с соседями...

— Да это ж все быдло, скоты! Были раньше тут приличные люди, так все ж поуезжали! А мы тут с этой грязью!..

— Люся, все! Не дергайся! Вон участок садовый пустует, может, продаст она нам его, в конце концов, не нужен же он ей явно, а у нас будет место для хорошего дома.

Люся обрадованно замолкла и бросилась к забору оглядывать пустые Адовы сотки и в мечтах рисуя картинку будущего каменного трехэтажного особняка. «Как у Кэпвелов!» — шептала она мужу ночью. Смирнов хихикал.

Да, соседи... Кроме названных, были еще молодая парочка (он — шофер, она — торговка из палатки, ныне на сносях), семейка каких-то технарей-инженеров (он — пузатик в тренировочном костюме, она — типично советская баба с химической завивкой, их дети — Таня и Ваня, восьмилетние близняшки с неизменными соплями, а еще старая деревенская мать хозяина дома — Ульяна Степановна, баба Уля). Эта инженерная семейка жила от Смирнова «через проход», то есть не через подъездную дорогу, а через узкую тропочку между заборами. Как и молодая пара — только с другой стороны. Кстати, их «Дружное» уникально тем, что у них принципиально нет «общих» заборов. Между всеми пайщиками есть «тропочки», нейтральные полосы. Так решили всем сходом еще в самом начале большого пути, в те времена... Поступившись полуметром территории. Сейчас бы та же Валентина Павловна удавилась бы, но на такое не пошла! Отдать для «тропочки» свою собственность? Лучше смерть!

Валентина жила по другую сторону участка Валяевой, она да истеричка с дочкой. Как бы напротив Смирнова. Волей судьбы, он хорошо знал именно эти морды, так как вынужден был с ними общаться: одни — соседи, с другой — скандалы, третья — бухгалтер в правлении их товарищества, где он тоже член.

— Чтоб вы сдохли, — обычный тихий вздох Смирнова поутру, когда он выглядывал из окна и видел их всех — вокруг и напротив.

Инженерная семья Залётовых больше всего на свете уважала вечерний дачный чай на свежем воздухе. Баба Уля возлежала на своей любимой раскладушке под березкой, а Сергей Федотович, Елена Юрьевна и Ваня с Таней сидели за деревянным столиком на деревянных скамеечках и дули из блюдец крепко заваренный индийский чаек, заедая его печеньем. Пили шумно, вкусно, с хрустом, стоном и кряком.

— Вот ради этого стоит жить, — горячо размахивала руками Елена Юрьевна, — вот ради природы! Здесь — воздух, чистота, зелень! Мы здоровеем на глазах! Пищеварение на свежем воздухе много качественнее!

Брюхатый Сергей Федотович с удовольствием крякал и кивал:

— От земли — наша сила! Человека тянет к земле, это его крестьянские предки зовут. И надо идти на этот зов. В природе — суть.

Дети внимали, чавкая. Баба Уля блаженно улыбалась и тихонько поглаживала сухой ладошкой зеленую поверхность раскладушки — очень ее восхищала эта чудо-кровать: раз-раз — и есть! Раз-раз — и убрали! Цивилизация!

«Черезпроходная» палаточная Вера начала держаться за живот, видимо, как только узнала, что беременна. Вид у нее сразу сделался важный, куриный, отяжелела походка и появилось капризное выражение лица. И к тому времени, когда беременность действительно дала о себе знать и начала выпирать из нее животом, отекшими ногами, пигментными пятнами и прочими радостями будущего материнства, она уже была вполне «в роли» и уже ничем не удивляла шофера Славку.

— Ой-хо-ё! — с этого стона начиналось каждое утро после первого посещения гинеколога пять месяцев назад, и для Славки это было что-то вроде пожелания с добрым утром. Он тут

же вскакивал с супружеской постели с бодрым «Эх, хвост-чешуя, и не надо ничего!». Так у них обычно начинался день.

Эта пара, в сущности, была очень гармонична. Оба — флегмы, каких поискать. Но были в их жизни вещи, которые выводили идеальную пару из себя, Например, если в их присутствии кто-то читал Книгу.

— Ой-ёй-ёй! — тут же заводились они и просто заходились в гневе. Это ж надо так выпендриваться! Ну и вилы! Ну и корки! Сидеть задницей и читать мордой! По этой самой причине у них была семейная аллергия на Тузееву Вику, которая вечно ходила томно и у себя, и вообще везде с томиком поэзии.

— Я дышу этим, — тихо объясняла она комунибудь, например Валентине Павловне, мечтательно смотрящей мимо Вики, куда-то в даль, в перспективы собственности на землю, недвижимость и всякие разные средства производства. Валентина Павловна не орала и не злилась, а из-за забора молодых неслось:

— Ой-ё-ё! Читает!

Аналогичный гнев у них могла вызывать, пожалуй, только классическая музыка. А так — очень нормальные, спокойные ребята.

Происходили натуральные похороны. Бугаи копали могилу, оркестр играл печальные мелодии, дама Ада рыдала, заботливо поддерживаемая Плечистым... Народ роптал. Выглядывая из-за своих заборчиков, кто-то (Валентина) скандально что-то выкрикивал, другой (Вика) стонал, закусив губы, а Олег Витальевич пытался отмахнуться от назойливого бормотания Люси:

— Олежа, это надо прекратить! Немедленно! Они не имеют права! Это безумие! Она, наверное, сумасшедшая!

Все дети довольно радостно переминались с ноги на ногу — еще бы! Вот тебе настоящая «страшилка», даже не кино! Гроб, могила, вон крест из автобуса вытащили... Игры предстоят — подарок просто! Что это взрослые взбеленились? Ведь чего тут не хватало для хорошей жизни? Именно ужаса, страха, кладбищ и мертвецов! Все картошка да морковка...

— Неглыбоко копають! — покачала головой баба Уля. — Нехорошо! Неглыбоко... — Ее маленькая головенка в ситцевом платочке едва торчала над веселеньким сиреневым заборчиком.

— Мама! — в сердцах воскликнул Сергей Федотович. — Иди полежи на раскладушке!

— Раскладушка! — с уважением произнесла баба Уля и пошлепала бормоча: — Неглыбоко копають! Разве ж то могила? То клумба выходить!

«Она не сумасшедшая, — думал тем временем Смирнов. — В нашей конторе кого-кого, а уж

ненормальных точно не было. И Ада не исключение. Нормальнее многих. Что она затеяла?»

— Ша рожу, — неторопливо жуя жвачку, сообщила Вера, жена шофера Славы, потрогав опухший живот. — Они что, звезданулись?

Слава задумчиво сплюнул через забор:

— Поглядим, что будет. А тебе рожать еще через три месяца. Не гони волну.

Когда оркестр погрузился обратно в автобус, бугаи заканчивали устанавливать металлическую оградку вокруг могилы, а Ада поправляла цветочки, трогала высокий железный крест, как бы проверяя, хорошо ли, прочно ли он стоит, Олег Витальевич рискнул, наконец, подойти к ней. Вернее, к оградке. Стоило ему приблизиться, как Плечистый шустро подскочил к Аде, обнял ее за плечи, как бы защищая, и грозно воззрился на Смирнова. Зрители за заборами внимательно наблюдали за происходящим.

— Простите, молодой человек, я могу переговорить с Адой Борисовной? — вежливо осведомился Смирнов.

— Вряд ли Ада Борисовна сейчас в состоянии, — буркнул сердито Плечистый. — Она только что отца схоронила.

— Вот, собственно, об этом я и хотел... — Смирнов смущенно закашлялся. — Вы, простите, кто будете?

— Я — ее кузен! — гордо сообщил плечистый.

Во время этого диалога Ада стояла, низко опустив голову и прижимая руки к груди. На последних словах Плечистого она вздрогнула и подняла заплаканное, бледное лицо. Смирнов видел свое отражение в зеркально-черных окулярах, как будто Ада смотрела на него им же самим. Или — куда она смотрела?

— Что ж, Витенька, — едва слышно прошептала женщина, пошевелив в волнении длинными пальцами, — если человеку необходимо поговорить, значит, надо поговорить. Ты не волнуйся, я... я справлюсь, — и она порывисто всхлипнула. — Иди, расплатись с музыкантами, иди! — Она легонько подтолкнула кузена, и тот послушно пошел к автобусу, сердито оглядываясь на Смирнова. Рабочие уже совсем закончили с оградкой и отвалили куда-то за автобус, похоже, пить водку. Олег Витальевич проводил их понимающим взглядом.

Оставшись наедине с Валяевой, Смирнов вошел к ней в оградку и вдруг почувствовал нечто странное: будто бы окружающий мир, оставшийся снаружи, кто-то выключил. Сюда не доходили звуки; люди шевелили губами, но даже отзвук их голосов не долетал до ушей... Только что Олег Витальевич чувствовал легкий летний ветерок — тут его не было вовсе. Воздух будто бы замер. И стоящая рядом женщина без глаз, без взгляда не шевелилась и, казалось, не дышала.

Невпечатлительный Олег Витальевич поежился. Он шумно вздохнул, ибо ему страстно захотелось хоть какого-нибудь звука, движения, признака жизни. Он хотел было начать говорить, но вскрикнул от ужаса: что-то подергало его за брючину. «Покойник!» — промелькнула в его голове кошмарная догадка. Смирнов боялся опустить взгляд.

— Карма, фу! — спокойным голосом сказала Ада. — Как ты себя ведешь, девочка?

Смирнов покосился вниз. У его ног важно стояла большая ухоженная ворона по имени Карма. Интересно, почему он не заметил эту птичку раньше? Разве кто-то держал ее в руках? Разве она летала? Вот если только она спустилась из автобуса по ступенькам, как человек, и ходила ногами, то есть лапами... Тогда ее можно было и не заметить...

— Птичка... — пробормотал Олег Витальевич.

— Моя верная Карма, — объяснила Ада Борисовна. — Она всегда со мной. Не может одна оставаться, переживает. — В голосе Ады послышались теплые нотки.

Мир вокруг по-прежнему безмолвствовал, покашляв, дабы скрыть смущение и тревогу, Смирнов поспешно заговорил:

— Ада... Ада Борисовна! Выражаю вам свои искренние соболезнования! Такое горе... — Она опять завсхлипывала. — Но, простите, ради бога, за вопрос: почему здесь?

— А почему нет? — прошептала Ада.

— Ну... разве здесь кладбище?

— А разве это не моя земля?

— То есть? — изумился Смирнов.

— Одно из завоеваний демократии, — тихим голосом начала объяснять Валяева, — это то, что все эти шестисотки отданы людям в собственность. Вы выращиваете картошку, а я делаю семейное кладбище. Это моя земля и мое дело.

— Ада Борисовна! Но ведь так нельзя! Существуют правила... — начал закипать Смирнов.

— Еще одно завоевание демократии, — скорбно вздохнула Ада, — это невозможность похоронить близких достойно, на хорошем кладбище, не выложив целого состояния. Вы знаете, сколько стоит место для покойника и все остальное, что ему нужно? Дай вам бог узнать это как можно позже... С... известного вам времени у меня нет работы. Я бедна, Олег Витальевич, очень бедна. Мне едва хватает на кое-какую еду.

Смирнов с сомнением оглядел ее элегантный наряд. Она спокойно выдержала его взгляд.

— У меня нет таких денег, какие с меня хотят слупить дельцы из похоронных контор. Сейчас у меня нет средств даже на жалкий ремонт моей однокомнатной халупы.

— А... ваш супруг? — робко поинтересовался Смирнов.

— Крах! — возмутилась Карма, сверкнув глазками и тюкнув Смирнова клювом в ботинок. Он отодвинул ногу. Тонкие губы Ады злобно сжались.

— Я, конечно, не обязана перед вами отчитываться, но этот подонок сбежал в Штаты, бросив меня вместе со своими бандитскими долгами. Еще в девяносто третьем. Я расплатилась... Но осталась на нуле.

— А кузен?

— Вы что? — светлые брови Ады возмущенно выпрыгнули из-под очков и подскочили аж до самых волос. — Мальчик, студент, откуда у него деньги?

«Больше похож на охранника какой-нибудь рэкетирской конторы», — подумал Смирнов, вспоминая бритый затылок и ухватки кузена.

— Вы все выяснили, что вам надо? — холодно осведомилась Валяева. — Я могу побыть наедине с могилой?

— Минуту... — Смирнов потер лоб ладонью, радуясь звуку шуршания собственной кожи, — послушайте, есть же выход: я куплю у вас этот участок, у вас тогда будут какие-то деньги и...

— Какие «какие-то»? Сколько же вы мне предлагаете за эти шесть соток? — Голос Валяевой чуть дрогнул в насмешке.

— Ну-у... Сегодняшняя стоимость этой земли... Ну... Пусть будет полторы тысячи зеленых...

Ада развела руками:

— У меня куча долгов, у меня троюродный брат — чернобыльский ликвидатор — в больнице, в тяжелом состоянии. У него ни семьи, ни родни никого, кроме меня. Да и мне помирать рановато, есть-пить надо, а работы нет...

— Ну, две тысячи. Или... — он споткнулся о ее издевательский взгляд. — Сколько же вы хотите?

— Я размышляла, прикидывала, — тягучим голосом продолжила Валяева, знакомым движением тонких пальцев проведя себе по подбородку, — по самим скромным расчетам мне необходимы тридцать тысяч, чтоб не помереть.

Смирнов обомлел:

— Тридцать?.. За этот участок? — хрипло спросил он.

— За какой участок? — удивилась Ада. — Я говорю о том, сколько мне нужно денег, в принципе... Я ничего и не продаю, вы же сами назвали рыночную цену этих соток. Смысла нет... Позвольте теперь мне остаться наедине с папой. — У нее вдруг резко изменился тон, она заломила руки и разрыдалась. Повернувшись к могиле, она рухнула на колени и начала что-то бормотать. Карма задом отошла на несколько шагов, чтобы посмотреть в лицо Смирнову. Она задумчиво склонила набок свою головку и осуждающе каркнула. Олег Витальевич потоптался на одном месте, не зная, что теперь говорить *и как себя вести. Тревога, нет, даже, к великому его стыду, страх рос в его душе, страх перед чем-то неведомым, непонятным, неформулируемым... Как в детстве перед темнотой. Не могила его генерировала, отнюдь! Сама эта женщина без глаз рождала вокруг себя некую мертвую ауру, где птицы, кроме Кармы, не поют, деревья не растут... Или это все ему кажется от идиотизма ситуации?*

— Ну, этого мы так не оставим, — очень тихо и неубедительно сказал Смирнов.

— Попробуйте принять меры. А я погляжу, — эти слова Ады он различил сквозь ее бормотания.

Вика Тузеева считала себя островом в океане бездуховности. Океан был грязный, грубый, вульгарный, а она — благоухающий, чистый, цветущий духовностью остров... Люди кругом столь примитивны и некультурны! Неудивительно, что ее тонкая нервная организация не выдержала мерзости окружающей действительности, и физически Вика надломилась: с некоторых пор она страдает сильными мигренями, а потому баралгин, уксус и вафельное полотенце всегда у нее наготове. Вот и здесь, на даче, эти предметы заняли господствующее положение на полочке в кухне... «Тем более здесь, — размышляла Вика, — ведь тут публика совершенно невыносима! Торговки, шоферы, бухгалтеры... В Москве хоть есть возможность не видеть всякие рожи с утра до вечера, а тут с ними сталкиваешься десять раз на дню...» Да, остров, остров... У Тузеевой даже был стих на эту тему:

Я — одинокий остров в океане
С благоухающей листвой,
Омытый грязными волнами
И ядовитою водой...

Это — из неопубликованного. Из опубликованного у Вики совсем немного, и все в основном в газетах, кое-что в сборниках разных поэтов... Ах, кому нужна сейчас настоящая поэзия! Хотя грядет кое-что: бывший муж Вики (БМВ), Машкин отец, сделавшийся преуспевающим бизнесменом в издательском деле, решил в качестве алиментов издать Викину книжку, которую она, тщательно поразмыслив, назвала «За все мои такие годы...».

— Какие — такие? — не понял БМВ, у которого на рабочем столе в офисе стояла фотография красивой женщины с прелестной малышкой на руках.

— Вот такие, — грустно ответила Вика, украдкой смахнув набежавшую слезу. БМВ сморщился, что-то пробурчал, но выяснять далее не стал.

— Ладно, пусть так. Осенью сделаем. Тираж — пять тысяч. Довольна?

Вика вскинула голову:

— Я думаю, что это не самое худшее, что сделает твое издательство. На фоне западной пошлости...

БМВ замахал на нее руками.

— Ой, только не начинай опять, ради всего святого! Подлость, духовность, ля-ля-ля-а... А у самой — «в каждой строчке по три точки после буквы “л”...»! Наш старый разговор...

— Вот именно!

— Вот и не надо!

— Что ты понимаешь?

— А ты? — БМВ уже не сдерживал себя в раздражении. — У тебя ж всю жизнь любимым поэтом был Асадов! А других ты даже и читать не хотела! Я уверен, что у тебя в сумочке томик Асадова, да?

Вика гордо молчала. Он был прав.

— Из тебя невежество прет, чуть колупни! Ты до сих пор Хармса Хансом зовешь или соизволила, наконец, запомнить?

Поджав губки, Вика решительно поднялась со стула.

— В таком тоне я более беседовать не намерена.

...Остров, остров... Как трудно духовным людям в этом вульгарном мире!

К вечеру знаменательного дня у Вики Тузеевой вновь разыгралась мигрень. Возможно, тому способствовало изменение погоды — к концу дня тучи затянули такое синее с субботнего утра небо, усилился северный ветер, потянуло холодом. Все-таки то было обманное майское тепло, лето еще не наступило...

А тут еще эти похороны... Как же теперь жить-то с видом на могилу? Нет, конечно, они этого так не оставят, прямо в понедельник Сергей Федотович отнесет заявление в местную милицию, а Олег Витальевич поедет к администрации района... Хотя, с другой стороны, опять выкапывать гроб? Жуть какая! Ведь это грех, говорят...

Вика заворочалась на своей кровати. Черт, закололо в висках. Ну все, пиши пропало!

Вика осторожно встала с кровати, стараясь не шевелить по возможности головой, и отправилась на кухоньку, к полочке с лекарствами.

На улице шумел ветер и собиралась гроза, уже посверкивала молнии. Вика очень боялась молнии из-за электричества: кто-то ей сказал, что во время грозы нельзя пользоваться электрическими приборами, лучше даже свет не включать. Что ж, она и ощупью найдет необходимый баралгин... Вдруг Вика в ужасе отшатнулась от стены и закричала: при очередном блеске молнии оказалось, что крест, стоящий на свеженасыпанной могиле, отражается гигантской тенью на стене ее кухни и будто дышит, шевелится и движется прямо на нее, при каждой новой вспышке все ближе и ближе... Тут еще что-то стукнуло в окно. Вика резко повернула голову и заорала еще пуще: с той стороны стекла на подоконнике сидела крупная ворона и маленькими, пронзительными глазками смотрела прямо на Вику. И смеялась:

— Крах-кра! Крах-кра! — и даже запрокидывала от удовольствия голову.

Вика орала и орала. Естественно, Машка проснулась и тоже заверещала от испуга.

Во всех соседних дачах постепенно зажигался свет...

В понедельник утром хмурые и невыспавшиеся разъезжались на работу кормильцы семей, проводивших лето на дачах товарищества «Дружное». Субботняя ночь прошла под знаком воплей из дачи Тузеевых с последующим выяснением обстоятельств жителями всех соседних домов. А в ночь с воскресенья на понедельник чуть не случился выкидыш у Веры. Славка тоже всех переполошил, «скорую» вызывали.

Вере покойник приснился. Якобы он встал из могилы и начал тянуть у нее из живота ребенка.

— Блин, как из ужастика, — темпераментно как никогда делилась Вера с мужем, сидевшим у нее в ногах. «Скорая» уже отчалила, сделав ей какой-то укол и велев лежать побольше. Вера возлежала на трех подушках, возбужденная, с алыми щеками... Что ей три желтые таблеточ-

ки валерианки — как слону дробинка! Ведь ее переполняли впечатления, такие редкие гости в этой светлой до прозрачности торгово-палаточной голове. Впечатления! Свои собственные, а не из кино!

— Не, ты прикинь! — горячилась она. — Крест валится набок, крышка гроба — фюить, и встает такой мужик здоровый — жуть! И идет прямо на меня, а?

— Я прикидываю, — борясь со сном бормочет Славка, наблюдая краем глаза, как в окне занимается рассвет.

— Я стою перед ним вот в этой своей ночной рубашке, а он идет ко мне и шипит: «Отдай мне ребенка, я жрать хочу!», и руку к моему животу тянет, — Вера перешла на зловещий шепот. — И я чувствую, блин, чувствую, как из меня течет... А тут еще ворона какая-то прямо над ухом... Это во сне было или она на самом деле так громко каркала? А, Слав?

— А? Что? Ворона? — встрепенулся муж, чуть было не свалившийся мордой в ее укутанные одеялом ноги. — Не знаю... Может, и лаяла... То есть каркала... Ну, дальше-то что?

— Ну и все! Проснулась я от страха, а тут — кровь...

— Врач сказал, чтоб ты была спокойная. Давай спать.

— Ага! — плаксиво ответила Вера. — Попробуй тут теперь уснуть!

В понедельник утром в «Дружном» оставались только старики, дети и отпускники. Ну, еще неработающие творческие личности, как Тузеева, например, — она поэтесса. Олег Витальевич, Сергей Федотович и Славка были из тех, кто уезжал в город. Встревоженные за своих близких, уставшие после этих выходных и, естественно, злющие.

Олег Витальевич собирался заехать к главе местной администрации (Голове, как его называли местные), поэтому вышел из дома на полчасика пораньше. Заводя свой «Москвич», Смирнов с отвращением думал о предстоящем разговоре — с Головой у «Дружного» отношения были весьма хреновые после того, как правление отказалось предоставить племяннику Головы, который, естественно, в свое время был пайщиком «Дружного», три лишние сотки. К слову, этот племяш давно уже свалил куда-то, но «любовь» Головы к Дружнопайщикам с тех пор оставалась неизменна. Подобные вещи такие люди, как Голова, не забывают.

«Не люди, а ж...пы! — сам себя поправил Смирнов, выруливая на хорошо заасфальтированную дорогу, ведущую к зданию администрации района. — Хапуги! Мало ему было тех взяток и бесплатного участка для племяша! Сволочь номенклатурная!» Именно такими словами обругал его самого в далеком девяностом один журналюга из демократической га-

зетенки. Вот за что, вспомнить бы. Не важно, главное, что этот поганец тут же получил по морде... А выражение запомнилось. Хорошее такое выражение, когда не на тебя надето.

Старлей Угонов брезгливо, двумя пальчиками взял у Сергея Федотовича заявление от правления «Дружного».

— Рассмотрим. Меры будут приняты, — сухо сказал он. — Идите.

— А долго? — обрадованный успехом своей миссии, спросил Залётов.

— Вы думаете, это так просто? Обратно выкопать гроб, ха. Тут без прокуратуры не обойтись. Будем работать.

Успокоенный Сергей Федотович вышел из кабинета участкового Угонова и проделал по замызганному коридорчику обратный путь: мимо двери комнатки почты, мимо двери комнатки сберкассы и — на свежий воздух. А тут тебе и железнодорожная станция. Поезд на Москву через пятнадцать минут. На «ящике» надо быть через два с половиной часа. Успевает с запасом. Залётов удовлетворенно крякнул и пошел покупать билет. В один конец — сегодня он останется ночевать в Москве, надо же, в конце концов, выспаться!

Угонов слышал, как хлопнула входная дверь их многоконторной одноэтажной деревянной халупы. Старлей вздохнул, взял заявление, свер-

нул его в восемь раз и спрятал в портмоне, в одном из отделений которого аккуратно лежали и пахли умопомрачительными французскими духами пять стодолларовых бумажек. Учуяв этот запах, Угонов прикрыл глаза и, как наяву, увидел ту тонкую даму в черном. Она сидела на том же стуле, с которого только что сполз плотный зад Залётова, держась пряменько, точно штакетина, и нежно поглаживала изящными пальцами ворону, важно восседавшую у нее на коленях. Прямо будто кошку какую! Ворона не шевелилась, а только как будто жмурилась, довольная дама же, глядя на старлея черными зеркальцами красивых очков, бесстрастно вещала, давая указания:

— Тяните, сколько можете, тяните с их жалобами. Пятьсот — это сейчас. Через месяц — еще столько же. Если все будет благополучно, то вы останетесь весьма довольны моей благодарностью. Хорошая работа дорого стоит, не будьте дураком, Угонов, не вибрируйте, милиция, а значит, власть тут — вы. Никто не поедет в это «Дружное» что-либо проверять. Как бы они ни вопили. Со всех сторон все будет упираться в вас, вам нечего опасаться. Деньги — вот они, реальные. Не то, что ваши страхи.

Угонов открыл глаза. Если бы не настоящие, благоухающие доллары, он бы, несмотря на полную уверенность в своем разуме и психическом здоровье, ей-богу, усомнился, была эта женщина с вороной в натуре или привиделась ему? Уж больно она нетутошная, не такая, киношная какая-то... И еще эта птица заместо кошки...

Ну да ладно! Главное сейчас в его жизни — это прекрасное, абсолютно очевидное содержимое его бумажника. Надо будет сейчас мотануться кое-куда, валюту поменять. Давно жене нужна стиральная машина. В конце концов, совесть надо иметь, у нее так костяшки пальцев вспухли, что стирать руками она больше не в состоянии, плачет от боли.

Угонов решительно встал. Сегодня к вечеру он доставит жене стиральную машину. «Сименс», — решил он твердо.

На конец июня было назначено правление товарищества. Повестка одна: что делать с могилой посреди их землевладений. Меры до сих пор не приняты, милиция тянет резину, хотя Угонов, сдвигая грозно брови, уверяет, что все будет сделано в соответствии с законом и Конституцией. Вот и пойми...

Что же касается администрации... Ух, и попотел же тогда Смирнов в кабинете Головы... У Головы был вполне людоедский вид: огромные желтые зубы, причем верхний их ряд здорово нависает над нижним, да и над нижней губой тоже. Глазенки крохотные, злобные. Пробуравил он ими Олега Витальевича насквозь и ядовито так произнес:

— До чего ваши склоки уже дошли-то? Что выдумываете-то, а? Могила, гроб... Вы что, меня за идиота принимаете? — Голос его звенел в праведном негодовании. — Хотя комиссию мы вам устроим, это точно! Поступил сигнал, господин Смирное: ваши пайщики самовольно устанавливают АГВ и газовые колонки. Хотя я что-то не припомню ни одного официального разрешения на такие дела. А?

Смирное поежился. Конечно, не было никаких разрешений. Всем желающим, в том числе и ему, все это газовое хозяйство ставил в перерывах между запоями местный спец дядя Гера. Кто ж мог стукнуть? Ну, не свои же, это не в их интересах. Голова, внимательно глядя на Смирнова, хохотнул:

— Кумекаешь, кто капнул? Есть еще добрые люди! Боятся, что рванет у кого-нибудь колонка и будет пожар, к чертовой матери! Правильно, кстати сказать, боятся! Не идиоты правила сочиняли! А?

«Бэ!» — мысленно огрызнулся Смирнов. Все ясно, поселковая администрация им не союзник. Не дай бог, комиссия! Да их только за эти газовые колонки так взгреют, что проблема могилы доброй детской сказкой покажется.

Так он и объяснил тогда правлению. Все посокрушались, покачали головами, поцокали языками, но согласились, что придется обойтись без Головы. Себе дороже.

И вот приблизилось последнее воскресенье июня, день правления. Надо что-то решать коллективным умом. Не дело все-таки! Даже те, кто живет много дальше от могилы, и то ропщут, неприятно им, нервы треплются. А уж они, непосредственные соседи этих валяевских соток, совсем издергались. Могильный крест просто убивает на корню всякую радость от свежего воздуха и зеленой травки. Все мысли исключительно о бренности существования, о конечности жизни, которая еще недавно была так прекрасна...

Олег Витальевич Смирнов ни с кем не делился по поводу замеченной им на территории могилы потусторонней тишины и отрезанности от реального мира. Ведь он единственный из всех был там. Как-то очень поздно ночью, часов эдак в полвторого, когда все уже спали восьмым сном, в том числе и его домочадцы, Олег Витальевич, мучимый воспоминаниями о дне похорон и разговоре с Адой, встал с кровати и прямо в пижаме пошлепал на валеевскую территорию. Он должен был проверить, не показалось ли ему...

Но разве возможно ночью, когда кругом абсолютная тишина, определить, понять что-нибудь? Вот стоит он возле креста, вслушиваясь в ночь, но никакой разницы... Хотя нет! Что-то не так все-таки... Да, есть ощущение, будто тебя со всех сторон обкладывают ватой, запихи-

вают ее в уши, мир вокруг погружается в еще большее безмолвие, превращаясь в мертвую картинку. В мертвую! И вот уже кажется, что ты тут один живой и есть, а единственная реальность — этот холодный, железный крест, нависший над могилой, а все вокруг — мертво и не существует вовсе, ты — один, один... Смирнов в панике перемахнул через оградку, точно мальчишка, одним прыжком. Это все безумие, он, видимо, сходит с ума! Но такого не может быть! Не тот у него ум, чтоб с него сойти! Значит...

...Свойство такое у этого куска земли, может, он проклят. Олег Витальевич — убежденный атеист, но почему-то именно существование проклятия не вызывало у него сомнения или протестов. Есть же проклятые люди, места... Например, Сараево. Вот и это место неправедного захоронения, возможно, нечисто теперь... «Надо прийти сюда с кем-нибудь еще, себя проверить. Убедиться... С кем вот только? Убедиться в чем? В собственной нормальности? Или... в безумии?»

Накануне правления, в субботу, стоял жаркий денек. Небо было празднично безоблачным. Все дачники расслаблялись на своих сотках, кто как мог: кто загорал, кто буквой «г» ковырялся с утра в огороде... Валентина Павловна обходила свои владения, придирчиво оглядывая «собственность» — не забегала ли ночью соседская кошка и не примяла ли где цветочек?

Если кто не напомнил бы сейчас Валентине Павловне, что еще двадцать, пятнадцать, десять лет тому назад самым страшным обозначением самого плохого человека в ее устах было «частный собственник», она бы сильно удивилась. Теперь слово «собственность» вошло в ее нутро так же прочно и свято, как когда-то «Ленин» и «партия». И лишить ее нынче «собственности», а также самого этого понятия, слова, ощущения, — это все равно, что... что... ну, к примеру, вынести из Мавзолея Ленина и, прости господи за страшные слова, — закопать в землю, похоронить! Этого бы Валентина Павловна просто не перенесла. Свою посильную лепту в недопущение такого святотатства она внесла: пикетировала Мавзолей с красным флагом наперевес, подписывала все необходимые петиции протеста. Сознание выполненного долга и победы сопровождало последние годы Валентину Павловну на заслуженной пенсии. И в ее химически завитой голове абсолютно не сталкивались, не противоречили друг другу такие понятия, как «Ленин» и «частная собственность». Почему? Может, срабатывало некое чувство самосохранения, этакий предохранитель в мозгу, который не позволял этим двум словам высвечиваться в сознании одновременно во избежание замыкания, столкновения, взрыва...

Такая вот убежденная ленинистка, коммунистка и ярая собственница в духе первых амери-

канских поселенцев (ей бы больше понравилось слово «пионеры») обходила свои (ее!) шесть соток, грозно хмуря густые брови и уперев кулаки в жирные бока.

— Нет! — раздался вдруг истерический вопль Вики Тузеевой.

Она стояла, широко распахнув глаза и схватившись руками за голову. «Опять со своей мигренью,» — раздраженно подумал Смирнов. Но, проследив ее взгляд, он охнул всего лишь чуть тише самой Тузеевой. Она смотрела на подъездную дорогу, по которой пробирался автобус с черной полосой.

На сей раз все было без оркестра. Те же бугаи, сама Ада и кузен. И гроб, естественно.

— Не смейте, не смейте! — в истерике орала Вика, топая ногами и разрывая на себе футболку. Ее дочь в ужасе смотрела на мать. — Здесь вам не кладбище, вы не имеете права!

Ада Павловна никак не реагировала. Бугаи были будто глухие. Только кузен Витек бросил на Вику полный ненависти взгляд и громко прошипел:

— Заткнись, сука! Здесь горе! Чернобыльца хороним! Он за тебя погиб, сука! За всех нас!

«Чернобыльца... Троюродный брат, тот, что без родни и семьи. Значит, уже помер», — отметил про себя Смирнов, куря возле своего забора. Его внимание было приковано к Карме, важно вышагивавшей рядом с Адой. Если б он не

знал про птичку, он бы, конечно, не заметил ее... Но он знал, он искал ее глазами с самого начала и нашел. Карма не отходила от Валяевой ни на шаг.

Народ же постепенно подтягивался со многих, даже дальних участков. Лицо у народа было решительное и злое. «Сейчас ведь выкинут ее вместе с гробом отсюда! — забеспокоился Олег Витальевич. — Как бы хуже не вышло!» И чтобы предотвратить возможный самосуд, Смирнов пошел со своей территории к месту событий.

— Вот-вот, выкинь отсюда эту курву вместе с гробом! — одобрительно высказалась ему в спину Люся. «Дура!» — мысленно ответил он ей.

— И что вы сделаете? — Ада спокойно и даже насмешливо спросила стоящую перед ней толпу. Она скрестила руки на груди, от нее исходила такая уверенность в собственной правоте и силе, что это парализовывало. Черные дыры ее очков тоже не прибавляли энтузиазма. Всех по очереди буравила черными бусинками глаз странная ворона, примостившаяся рядышком с ногой Ады — дрессированная, что ли? Кузен Витек многозначительно держал правую руку в огромном кармане своей на сей раз легкой, светлой курточки. Это смущало.

— Кто хоть пальцем тронет моих близких, — твердым, негромким голосом продолжала Валяева, — сядет и очень надолго за осквер-

нение могил. Причем могил ветерана войны и героя-чернобыльца. Есть желающие? — Она оглядела всех присутствующих легким поворотом головы в черных кружевах справа налево. Кто-то робко заметил:

— Но вы не имеете права...

— Да? — удивилась Ада. — Где такое написано? Эта земля — моя собственность, — при этом слове вздрогнула Валентина Павловна — о, такой довод она принимала всей душой, но все же... — Я — член товарищества «Дружное». И нигде в нашем уставе не записано, что нельзя использовать свою землю для захоронений.

— По закону нельзя! — крикнул кто-то.

— Ах, по закону? — повысила голос Ада. — Ну, валяйте, попробуйте теперь выкинуть мои гробы «по закону». Дерзайте, господа дачники! А я погляжу... А ежели «без закона» выкопаете — я вас предупредила: сядете.

Кузен Витек вытащил руку из кармана и четырьмя пальцами обеих рук очень красноречиво изобразил тюремную решетку, подняв для убедительности руки высоко над головой. Чтоб всем было видно.

На фоне безоблачно-синего, радостного неба, чернели два металлических креста. Высокие, почти под два метра, они торчали грозно и предупреждающе. О чем? То ли в смысле «моменте мори!», то ли — «только тронь!»... На одном кресте была небольшая металлическая табличка с каллиграфической надписью: «Валяев Борис Алексеевич, 1925—1995. Покойся, папа, с миром. Любящая дочь». На другом кресте табличка была точно такая же по размеру, только текст, естественно, другой: «Гальперин Николай Семенович, 1962—1995. Я горжусь тобой, брат».

Похоронная процессия уже давно уехала, а народ все топтался возле ограды, негромко переговариваясь, матерясь, ропща и труся одновременно. Олег Витальевич курил, мрачно оглядывая толпу и нервно ожидал какой-нибудь провокации или нервного срыва.

— Что будем делать, народ? — крикнул, наконец, кто-то. — Ведь надо что-то решать!

— Надо... Надо! Решать... Решать! — зашуршала, загудела толпа. Смирнов выбросил сигарету, откашлялся и зычно рявкнул:

— Завтра правление. Там и будем решать. Сходом, народным вече все равно ничего умного сроду не придумывалось. Так что сейчас всем лучше всего бы разойтись...

— Вы там нарешаете! — раздался визгливый женский голос. — Эта Валяева уже всех вас, наверное, купила. Вы ничего и не будете делать!

Недовольный гул нарастал, ядовитое зерно попало на благодатную почву. Запахло бунтом.

Смирнов прикрыл глаза. Как же он ненавидел, презирал это быдло, вообразившее себя «собст-

венниками», хозяевами, теми, кто вправе и может решать свою судьбу! А вот рылом не вышли, господа совки! Вы такие же «собственники» и хозяева, как Валяева — бедная, доведенная до нищеты женщина.

— Слушайте, вы! — нажал на голос Смирнов. — Не идиотничайте! Валяева кого-то там купила!.. Не хотел я обсуждать все это с «народом», — это слово он произнес с убийственным сарказмом, — но раз вы тут начали... Валяева ждет, чтоб мы откупились от нее. И цену назвала — тридцать тысяч зеленых. Я уже считал: у нас шестьдесят пайщиков, если каждый даст по пятьсот, то мы выкупим ее участок, и она увезет отсюда свои гробы.

— А это видел? — Над головами знаменем взметнулся большой волосатый кукиш Сергея Федотовича. — Пятьсот долларов! Это нынче четыре мои зарплаты! Я чё — ополоумел платить такие деньги... ни за что ни про что?

— Ни за что? — изумленно поднял брови Смирнов, но народ его не поддержал. Народ был согласен с кукишем, он гневно смотрел на Смирнова, осуждая его неприличное предложение выкупа.

— Ладно, хорошо, — Олег Витальевич примирительно поднял руки в позицию «сдаюсь». — Будем решать вопрос официальным порядком. Тогда наберитесь терпения. Сами знаете, где живем, не ждите быстрых перемен. Всё! Сход-

ка окончена. Давайте разойдемся, все-таки неловко тут — могилы.

И еще не произнес вслух Смирнов слово «страшно», а ему было страшно. Ведь эти олухи не были ТАМ и не знают, что за оградкой другой воздух, другое самочувствие и даже другое измерение. Не то там, не то... Надо все же сходить туда с кем-то, надо себя проверить... А если этот кто-то ни фига не учует? Значит, он, Смирнов, того? И все об этом узнают? Олега Витальевича аж передернуло: нет, ни за что! Он должен справиться с наваждением! И ворона Карма — всего лишь ворона. Ученая. Они ж, эти вороны — умные, собаки!

Народ расходился тихо, мрачно, но с некоторым чувством удовлетворения: денег из них выколотить не удалось! Зато удалось этому Смирнову из правления придать некоторое ускорение... Все-таки, когда гуртом, всем народом навалишься, гору сдвинуть можно.

Похоронный автобус уже почти въехал а Москву. Бугаи-рабочие весело пили водку и закусывали свежими огурцами в конце салона, а скорбная Ада Валяева сидела ближе к началу и, не отрываясь, смотрела в окно. На ней был все тот же элегантный черный наряд, те же черные кружева на золотистых локонах.

— Жарко же! — заботливо говорил ей кузен, сидящий рядом. — Хоть мантилью сними.

Ада раздраженно отмахнулась:

— Траур есть траур. Вот ты сегодня — прямо плейбой с пляжа! Соображать надо...

— Ад, я не могу, я плавлюсь от жары! Это ты у нас нечувствительная женщина! — и он игриво пощекотал ей грудь. Она ткнула ему локтем в живот:

— Не смей! Как ты можешь? Сейчас? — Она вытерла выкатившуюся из-под правого стекла слезу. Кузен развел руками.

— Ну, знаешь... Надо же меру знать! Чего ты передо мной-то играешь?

— Играю? — Ада закаменела в позе крайнего недоумения. — Что, может, мой брат-герой жив и здоров? И не умер вовсе?

— Но мы же оба знаем, где... — начал было Витек, но получил такой тычок в пах, что задохнулся, а глаза его полезли из орбит. — Ты что, очумела? — прохрипел он, согнувшись пополам.

— А ты молчи, сучок паршивый! Рот свой заткни и не болтай, — зашипела Ада ему в самое ухо, потом, как ни в чем не бывало, она вновь уставилась в окно. Кузен отдышался, пришел в себя и осторожно сказал:

— Не вибрируй, Адочка, я только вот что подумал... Дожать бы надо. У нас ведь такие планы, да? Я рассчитываю... По-моему, нужен еще один удар.

— Ты что предлагаешь, Витек? — Ада величественно повернула к нему голову и ее тонкие гу-

бы дрогнули в едва заметной улыбке. — Может, убить кого-нибудь из родни, если сами не помрут?

— Ну, зачем же, — хихикнул тот, — это ведь совершенно не обязательно.

Ада повела плечами:

— Ты так считаешь? Ну-ну...

Автобус с черной полосой въехал в столицу и вскоре затерялся в бушующем потоке разнокалиберных машин на одной из магистралей.

Баба Уля просунула между железных прутьев свою сухонькую ручку и бросила на могилку букетик чахлых полевых цветов. Потом то же самое проделала и у другой могилы. Вокруг бабы Ули собрались детишки.

— А зачем вы это делаете? — спросил Генка Смирнов.

— Ну, как же, как же, — растерянно забормотала баба Уля. — Могилы — это святое дело! Святое...

— Почему? — прошмыгали Ваня и Таня.

— Потому что — могилы! — уже увереннней пояснила бабя Уля и пошла прочь. Дети остались у оградки и стали разглядывать кресты.

— А давайте сегодня, — торжественно предложил Генка, — когда стемнеет, придем сюда, сядем вон туда, — он ткнул пальцем в заросли кустарника, росшего метрах в трех от погоста, — и будем травить страшилки! Кто первый струсит, тот — козел вонючий!

— Лучше — тот будет деньги платить, — захлопала в ладошки Машка и аж подпрыгнула от радости. — Сто рублей за каждое струсенье.

— А у нас нет денег, — расстроились близнецы.

— Ничего, мы ваш долг запомним, а когда у вас будут деньги, вы нам отдадите, — утешил их Генка. — Может, они вам и не понадобятся, может, вы и не струсите.

У детей было замечательное настроение: предстоял веселый вечер.

За ужином Машка, возбужденная предстоящим, изводила мать своими стишками, которые стала сочинять совсем недавно, поначалу обрадовав Вику Тузееву, но с некоторых пор раздражая ее идиотским содержанием своих четверостиший.

— Ой, да умолкни же! — хваталась за голову Вика. — У меня опять мигрень начнется! Я уже есть не могу!

Машка упорно тараторила:

— Зайчик прыгал по траве и сосал морковку, а лисица на горе показала попку! — и заливалась в хохоте.

— О, боже, нет! — простонала Вика, закатывая глаза.

— Я — поэт, и ты — поэт, почему ж твердишь ты «нет»? — лукаво улыбалась Машка.

— А вот это уже нечто! — оживилась Вика.

— Да, — интенсивно работая челюстями, спросила дочь, — а баба Уля говорит, что вот это, — она махнула рукой в сторону погоста, — пресвятое дело.

— Дева. Пресвятая дева, — машинально поправила ее Вика. — Кто это здесь Пресвятая дева?

— Да не дева! — заорала Машка. — А дело! Ну, не пресвятое, а просто — святое! Черт! Мне еще сто раз повторить?

Вика побледнела и начала интенсивно мять ворот своей белой футболки.

— Про что это она?

— Да про могилы же! — Машка яростно застучала вилкой по тарелке. — Она говорит, что это святое дело. Почему?

Всё! Острые спицы вонзились в бедную Викину голову и начали с хрустом расковыривать череп. Она застонала и уронила в ладони лицо.

— Ладно, ладно... Ты иди, гуляй... Потом поговорим...

— Опя-ать, — с досадой протянула Машка, выходя из-за стола. — Давай, одевай полотенце! А я пошла.

Вика почти плакала. С некоторых пор мигрени все учащаются, усиливаются. Стоит увидеть эти кресты или даже просто подумать о них, как тут же наваливается эта пытка. На сутки, на двое, а то и больше. Так и загнуться недолго. Это все нервы, нервы... Ниче-

го себе дачный сезон получается! А все остальные будто железобетонные, всем будто плевать! Вот она, тонкая, нервная натура не может спокойно ежедневно лицезреть могилы у себя под окнами. Как это японцы могут хоронить своих родственников прямо у себя во дворах? Хотя, может, если родственники, то и отношение к могилам другое, чувства другие? Но ведь и у японцев есть соседи, у всех есть соседи, которым твои родственники вовсе и никто... Ой-ой! При мигренозной башке все мысли какие-то бестолковые, клейкие и душные. Вот заело: японцы, японцы... при чем тут японцы? Что было вначале? А, да: всем плевать, одной ей, Вике Тузеевой, плохо. Еще ворона какая-то где-то рядом поселилась... Видимо, та самая, что насмерть перепугала ее тогда, в ту первую ночь... Она, сволочь, ночами каркает. «Кра» да «кра» каждые три минуты, да еще так задумчиво, будто рассуждает о чем-то. Иногда — тоскливо, будто над могилой... Тьфу, черт, опять могила! Будь они прокляты, эти могилы! «Пресвятое дело»! Дура эта баба Уля, деревенская, невежественная дура! Старая, а всех еще переживет! «Меня-то уж точно!» — с огромной слезливой жалостью к себе подумала Вика.

Субботний вечер в семье старлея Угонова был праздничным: они с женой обмывали новый красавец-диван. Двенадцать лет служившая им *давно не складывающаяся, вся разломанная софа была безжалостно выброшена на помойку.*

— Ой, слушай! — чуть не плакала от счастья жена, поглаживая мягкую, переливающуюся, плюшевую обивку диванища. — Наконец-то! Боже, радость-то какая! Я ведь на этого красавца давно глаз положила. Какой же ты умница, милый, какой же твой шеф молодец, что так вас теперь премирует! Ну вот, теперь как люди будем! И никуда не надо тебе с этой работы уходить, видишь, как теперь все замечательно!

Угонов сидел за накрытым столом и вертел пальцами рюмку водки, весь из себя гордый и довольный, что так сумел угодить любимой женщине. В его портмоне оставалась еще одна пахнущая парфюмом стодолларовая купюра, оставшаяся от последнего визита Валяевой... Это на мелкие сюрпризики его киске. Или не заслужила она того своей трудной и нездоровой жизнью? Сколько лет он не мог ничем ее порадовать, а она и не жаловалась нисколько! Теперь он отдает ей всю свою душу, свою любовь и нежность. Раньше-то, без денег, это разве было возможно? А теперь в его власти делать свою женушку счастливой два, даже три раза в неделю: всякие финтифлюшки, мелкие подарочки, шоколадочки, как-нибудь даже цветы, во! Сколько, бишь, они женаты? Да уж пятнадцать лет почти... Как из армии пришел, так они и рас-

писались. Она всегда тихая баба была, даже когда их ребеночек помер в полтора года от кишечной инфекции. Она и то, плакала так тихо, что ее осудила вся общественность: громче надо было, выть в голос, орать на весь мир! А она не умеет. Идеальный вариант жены, беспроигрышный. Другне, которые стервы шумные, так заели своих мужиков — друганов Угонова, что те в бизнес подались деньгу зашибать, чтоб заткнуть баб своих нарядами да тачками. Заткнули. На время. А те потом еще больше варежку разинули: то хочу, это давай! Через этот их ор некоторые его приятели уже сели. А одного пристрелили... Так вот, все они завидовали ему, Угонову! Его жена сроду ничем не попрекнула мужа и ничего себе не попросила. Работает швеей-мотористкой уже семнадцать лет, а чтоб купить себе новые, скажем, трусы заместо совсем во всех местах разодранных, так у него, у мужа, разрешения спрашивает. Он-то конечно, никогда не против, что ж не купить, когда на это денег хватает. А на что не хватает, так про то в их доме и речи не велось. И все шло миром, без криминала и скандалов. Такая вот ему баба обломилась... Так заслужила она хоть немного радости в этой жизни за всю его, Угонова, спокойную жизнь? Тем более болеть что-то стала... Вот ни к чему этот остеохондроз треклятый! Вовремя в их семейном бюджете эти средства появились, очень вовремя.

И стиральная машина теперь имеется, и диван для спины полезный. А главное — сам он, Угонов, вдруг почувствовал некое щекотание в бицепсах, напомнившее ему нечто древнее: мужчина, добытчик, ответственный, сильный... И эти восхищенно-влюбленные глаза жены! Э-эх! Угонов опрокинул в себя рюмку. Валяева похвалила его и сказала, что все идет отлично. Его ждет премия. То ли еще будет, дорогая моя жена!

Уже почти стемнело. На всех дачах зажглись огни, но ореолы света распространялись только на очень небольшое расстояние от окон, а редко стоящие фонари светили так тускло, что обстановка для «страшилок», да тем более в темных кустах, да еще в трех метрах от могил, была самая что ни на есть подходящая.

Солировала, естественно, Машка Тузеева. Ох, и здорово она умела заливать про мертвецов, вампиров, нечистую силу и оборотней. Даже взрослый Генка чувствовал мурашки на спине от ее зловещего шепота. А уж эти сопливые близняшки! Танька вся белая, глазищи распахнуты, губы уже в кровь искусала. А Ванька, кажется, сейчас вообще в обморок кувыркнется.

— Э-э, да с вас придется по тыще рублей штрафа брать! — насмехался Генка. — Совсем обкакались!

— А вот и нет, — еле слышно прошептала Танька. — Ничего мы и не боимся. Можешь дальше рассказывать, Маша. Да, Ваня?

Ваня не отвечал. У него тряслись губы.

— Так рассказывать? — грозно спросила Машка.

— Ребята... — дрожащим голосом произнес вдруг Ванька. — Там что-то шевелится... — и он показал трясущимся пальчиком на погост.

Все повернули головы. Действительно, что-то шуршало и шевелило траву на одной из могил. А на кресте сидела ворона и, склонив голову чуть-чуть влево, внимательно наблюдала за шевелением. В темноте ее глазки поблескивали красноватым светом... Генка громко сглотнул слюну. Но он не ног показать своего испуга.

— Па-адумаешь! Крыса какая-нибудь!

— Не-ет! — зловеще протянула Тузеева. — Это покойники из гробо-ов подыма-аются! Они встаю-ут, чтобы забра-ать с собой избра-анников!

— Каких избранников? — уже не скрывая слез, заныла Танька.

— Помеченных Сатано-ой! — совсем уже разошлась Машка. Щеки ее заалели, она плевала на шевеление могилы, ее захватило творчество. — Никому не уйти от выбора: с кем ты? С богом или сатаной? Но кто-то уже избран помимо своей воли, он — помечен. И приходят за ним покойники, чтоб забрать костлявыми руками и отвести к царю всех мертвых — Великому Оборотню, Страшному и Кровавому. С бензопилами вместо рук! А уж он решает... — она не успела

договорить, как раздался жуткий, нечеловеческий вопль, и что-то темное стремительно бросилось от могилы прямо в сторону ребят.

Громко каркнула, стремительно слетев с креста, красноглазая ворона и растворилась в ночной темноте.

Таня и Ваня заорали что было мочи в октаву: Танька визжала где-то на «соль» второй октавы, а Ванька вопил на «соль» же первой. И остановиться они никак не могли...

Очень быстро выяснилось, что то была одна из дачных кошек, и, как назло, черная. Это она устроила свои обычные ночные гульки и охоту в этот раз на дачном погосте. Но успокоил сей факт только Таньку, которая отлежалась на следующий день и к вечеру встала, а Ваньку увезли в больницу. Он не мог говорить, и у него дергалась голова. Сергей Федотович и Елена Юрьевна поехали с сыном. Они были в ужасном волнении, разумеется. Танька осталась на даче с бабой Улей.

— Они нам должны сто тысяч! — объявила на следующий день Машка Генке. — Будем взыскивать?

Генка с презрением посмотрел на Машку.

— Скажи, дура, спасибо, что тебя не упекли в милицию!

— За что это? — изумилась та.

— А вот за то! — объяснил Генка. — Не кошка же виновата, а ты со своими «страшилками».

— Это ты придумал! — возмутилась Тузеева-младшая.

— Вот и молчи про деньги! — зашипел Генка. — «Взыскивать!» — передразнил он. — Как бы с нас не взыскали. Дура! — добавил он еще раз для убедительности.

Очередное заседание правления товарищества «Дружное» обернулось новым народным вече. Только на сей раз вече было весьма подавленным, унылым и молчаливым. Собрались практически все пайщики. Они столпились на подъездной дороге возле каляевских соток и мрачно слушали вещавшего со стремянки Смирнова. С одной стороны, народ уже слегка даже свыкся с этими треклятыми могилами, а с другой — разве ж можно к такому привыкнуть? Как идиот, просыпаешься поутру с мыслью нормально день прожить, а тут рядом покойнички лежат. И всё, настроение в нуль падает. Очень хочется съехать в Москву до срока! И особенно — детей увезти. Ишь, моду взяли — играть у могил! Вон чем это для Ваньки За́лётова кончилось! И вообще: как это все с санитарно-эпидемиологической точки зрения?

На фоне мрачных, осунувшихся или возбужденно-возмущенных физиономий Олег Витальевич Смирнов выглядел вполне бодрым и уверенным в себе. Сказывалась партийная выучка, ибо чувствовал он себя весьма скверно: практически все ночи его мучил один и тот же кошмар...

Он оставил идею о том, чтобы с кем-то наведаться ночью к могилам, и остался со своими страхами (стыдобища, позор!) наедине. Эти неглубоко закопанные гробы (права баба Уля, права!) излучают эфирную мертвечину... Ну, как еще сказать? Как объяснить даже самому себе? Это можно только ощущать. Ах да, о кошмаре... Значит, идет он по узенькой тропке (нейтральной полосе) между его участком и участком Залётовых. Кругом ночь, естественно. Идет он себе, приближаясь к соткам Валяевой, и вдруг она сама.

— Ты хочешь все понять, постичь? А не хочешь ли увидеть мои глаза? — смеясь, спрашивает его Ада, скидывая на землю со своих волос черные кружева и взявшись тонкими пальцами за очки с явным намерением их снять. Вот в этом-то месте Смирнова охватывал ужас. А что если она сейчас действительно снимет свои черные окуляры, и он увидит... Что? Глаза? А что, собственно, в этом страшного? Где логика? Да какая, к черту, во сне логика? Во сне Олег Витальевич испуганно машет руками и с криком «Нет, не надо!» разворачивается на сто восемьдесят градусов. Он хочет убежать, но видит на своем пути стоящую на узенькой тропке в гестаповской позе Карму, которая размером с кавказскую овчарку. Карма смотрит на него, укоризненно качая головой, и со вздохом говорит:

— Кара! Кара!

Тут поднимается жуткий ветер, и раскатом грома он слышит за спиной хохот Ады:

— Эй, псих! Я сняла очки! Обернись! Ты ж хотел все понять!

В этом месте Олег Витальевич просыпается всегда в холодном поту.

Так что, какая уж там бодрость и уверенность в себе! Но держаться он умел всегда, даже в самые кислые минуты своей жизни.

— И что же мы имеем в итоге? — зычным голосом вещал Олег Витальевич. — Милиция не мычит, не телится, хотя и не отказывает в помощи. С администрацией мы не можем договариваться по всем известным причинам...

— Не всем! Какие такие причины? — раздался удивленный глас.

— Ах, вот как? Не все в курсе? — изумился Олег Витальевич. — Хорошо, я уточню. Года три назад, уже, кстати, при новых наших уважаемых пайщиках, мы все играли в игру под названием «борьба с привилегиями», то есть — фиг вам, проклятые аппаратчики, весь народ против! Тогда мы выиграли. Теперь настал их черед отыгрываться. Ясно?

Толпа безмолвствовала.

— И еще, во-вторых: все наши газовые дела абсолютно, как теперь говорят, нелегитимны. Мы сделали эту ошибку, и теперь нам надобно жить тихо, без скандалов.

— А нельзя ли, — робко предложил кто-то, — обратиться к начальству нашего участкового?

Смирнов хмыкнул:

— Ну, вы вообще... Без вас бы не сообразил... Я уже имел беседу. Мне было четко сказано: старший лейтенант Угонов держит руку на пульсе, он в курсе дела, контролирует ситуацию, он отличный участковый, нет оснований вмешиваться. Еще будут предложения?

Тишина была ему ответом.

— Ну что же... — медленно заговорил Олег Витальевич. — Тогда предлагаю я. Думаю, стоит вернуться к варианту выкупа шести соток у Валяевой Ады Борисовны. По пятьсот долларов с каждого участка — и проблема решена.

— Ой, нет! — вздохнул кто-то, и это послужило сигналом горестным вскрикам, всхлипам и возмущенным репликам.

— Мы что — Мавроди тут?

— Это я должна продать мою шубу...

— А мне, между прочим, к осени за дочкину учебу платить...

— Если пятьсот баксов перевести по курсу... Ёшкин кот, это ж пять моих зарплат! Причем чистыми! Офонарели?

— А, собственно, что у нас есть в кассе товарищества?

При этих словах все устремили заинтересованные взоры на Валентину Павловну. Та вся раздулась от возмущения, ее обрюзгшее лицо запылало, стекла очков запотели, а руки воинственно сжались в кулаки, в очень убедительные кулаки.

— Да вы что? — басом закричала она. — Как можно? В нашей кассе — копейки! И те на хозяйственные нужды. Как не стыдно! Прямо совсем обнаглели!

— Вы так орете, будто деньги тянут из вашего кармана! — тонким голоском вскрикнула Вика, дергая туда-сюда ворот своей футболки.

— Я отвечаю... Я несу материальную ответственность! — важно произнесла бухгалтер. — Естественно, что меня возмущает...

— Ладно, ладно, — перебил ее Смирнов. — Тут и говорить-то не о чем. У товарищества на самом деле нет ни черта, хватит иллюзий, товарищи, тьфу, черт, господа! Смотрите фактам в лицо: выход у нас только один. Зато радикальный! — Он обвел всех пристальным взглядом. Люди прятали глаза, мотали головами и что-то бормотали себе под нос. Нет, они еще не были готовы выложить такую сумму за... за свой покой. Даже после случая с Ванькой. «Жмоты корявые! — мысленно ругнулся Смирнов. — Ну, она достанет. И правильно вообще-то сделает. Сейчас еще какая-нибудь гнида вякнет на мою больную голову, что я с Валяевой в сговоре... Убью!» Своей-то дуре Смирнов уже давно все объяснил и поручил провести

к погосту, все еще есть кобеня
ейка сопливых близнецов, Залётс
рь должны на лечение сильно тра
лентина Павловна — великая соб
«Я деньги делаю не на печатно
более — доллары!»), да и Тузеев
«Не знаю, не знаю... Вот если вый
мой сборник...»).
— в сердцах сплевывает Олег Ви
- Ну, дождетесь, она нас дожмет
о затеяла, чтобы так бросить н

пришлось недолго.
нюю субботу июля, дождливую и хо
подъездной дороге появился всем зна
обус. Несмотря на ненастье, нарос
дач.
автобуса открылись, и Ада с черны
в неизменном черном наряде вылезл
. Потом оттуда вывалились бугаи,
батюшка. В рясе, с крестом на пузе
ном.
е кузен?» — с интересом подума
стоя у забора в дождевике, нервно за
провожая взглядом Карму, вышагива-
дом с хозяйкой.
пускали в могилу, поп кадил и нудил,
вдруг уронила зонт, заломила руки и
отчаянием крикнув: «Витенька!» —
азрыдалась.

среди баб разъяснительную работу. Правда, с Люсей тоже не обошлось все гладко...

— Олежа, это что ж выходит, — жалобно заморгала она, — значит, нам ее участок не обломится? А может, как-нибудь иначе, может, поговорим с ней?

Смирнов задумчиво посмотрел тогда на жену. Время от времени ему очень хотелось раскроить ей череп по одной простой причине: интересно, у нее там все-таки мозги или средство для чистки унитаза?

— Люсенька, — по возможности спокойно ответствовал он, — если ты так хочешь приобрести эти сотки, то изволь, цена названа. Будем покупать?

Жена похлопала глазами, сглотнула, вздохнула и, кажется, сообразила. И Смирнов еще раз повторил ей задачу: агитация и пропаганда. Что ж, первым результатом ее деятельности можно считать отсутствие воинственных кукишей над головами. Ладно, будем ждать,

В конце июля вдруг зарядили дожди. Все кругом раскисло и посерело. Теперь не только Ванька и Танька, а и все остальные дети тоже гуляли сопливые и чихающие. Ванька уже вернулся, голова у него больше не дергалась, но зато он молчал, как пень. Елена Юрьевна ходила по дачам, плакала и рассказывала всем, что врачи ей объяснили: «Надо ждать. Это шок, должен отойти».

Беременная Вера каждую ночь смотрела кошмары про покойников, вылезающих из могил. Днем соседи могли слышать ее рыдания по поводу невыспанности, издерганных нервов и вредности всего этого для будущего ребенка. Потом соседи слышали Славкин мат и другие слова утешения.

Все происходящее усугублялось тем, что Ада Валяева каждое воскресенье стала приезжать с охапками цветов и печально и величественно стояла по два часа над каждой могилой. Вся в черном, высокая и прекрасная, она была сама женская скорбь во плоти.

Исподволь Смирнов в эти часы наблюдал за ней. Стоит, сука, не шелохнется! Черные стекла устремлены то непосредственно на могилы, то на небеса, будто молится женщина за души родных покойничков. «Ага, тебе только молиться! — скрежетал зубами Олег Витальевич, щурясь на шевелящуюся у ее ног Карму. — Ты ж порождение зла! Недаром тебя зовут Ада...» Смирнов сам себе не нравился, сам себя пугал: что-то совсем он в последнее время стал этим... как его?.. идеалистом, вот! А ведь материя первична, только она! Какой бог, какой ад? Но все эти мысли лезли в его невыспавшуюся бедную головушку помимо его воли! «Типичный недосып! — уверял он сам себя. — И соответственно — нервы. Чертова баба довела!» Глядя из окна на высокую, худую,

затянуту
лал на не
сущности,
лизм.
А Валент
один замок.
— Для не
ет, — съязв
вич. Она обиж
— Я одна т
вы мне добавл
Смирнов ее
стальные нерв
У него теперь
вопросы!
— Па! — вдру
в окно. — А воп
пы? Они уже сов
там мясо еще ос
— Ой! — Люся
жимает рот рука
— Ты что, идио
недоумевающий в
спросил?
Нет, с этим над
да, к счастью, посте
ше пайщиков соглас
чтобы все... А то дл
сот, а несколько бол
рить, если даже сред

мых ближних
щиеся — сем
вы («Мы тепе
титься!»), В
ственница (
станке! Тем
морщится (
дет осенью
— Тьфу! —
тальевич. —
Не для тог
полдороге...
И ждать
В послед
лодную, на
комый авт
вывалил из
Дверцы
зонтиком,
из машины
следом...
все чин чи
«Где ж
Смирнов,
куривая и
ющую ря
Гроб о
Валяева
жутким
громко р

среди баб разъяснительную работу. Правда, с Люсей тоже не обошлось все гладко...

— Олежа, это что ж выходит, — жалобно заморгала она, — значит, нам ее участок не обломится? А может, как-нибудь иначе, может, поговорим с ней?

Смирнов задумчиво посмотрел тогда на жену. Время от времени ему очень хотелось раскроить ей череп по одной простой причине: интересно, у нее там все-таки мозги или средство для чистки унитаза?

— Люсенька, — по возможности спокойно ответствовал он, — если ты так хочешь приобрести эти сотки, то изволь, цена названа. Будем покупать?

Жена похлопала глазами, сглотнула, вздохнула и, кажется, сообразила. И Смирнов еще раз повторил ей задачу: агитация и пропаганда. Что ж, первым результатом ее деятельности можно считать отсутствие воинственных кукишей над головами. Ладно, будем ждать,

В конце июля вдруг зарядили дожди. Все кругом раскисло и посерело. Теперь не только Ванька и Танька, а и все остальные дети тоже гуляли сопливые и чихающие. Ванька уже вернулся, голова у него больше не дергалась, но зато он молчал, как пень. Елена Юрьевна ходила по дачам, плакала и рассказывала всем, что врачи ей объяснили: «Надо ждать. Это шок, должен отойти».

Беременная Вера каждую ночь смотрела кошмары про покойников, вылезающих из могил. Днем соседи могли слышать ее рыдания по поводу невыспанности, издерганных нервов и вредности всего этого для будущего ребенка. Потом соседи слышали Славкин мат и другие слова утешения.

Все происходящее усугублялось тем, что Ада Валяева каждое воскресенье стала приезжать с охапками цветов и печально и величественно стояла по два часа над каждой могилой. Вся в черном, высокая и прекрасная, она была сама женская скорбь во плоти.

Исподволь Смирнов в эти часы наблюдал за ней. Стоит, сука, не шелохнется! Черные стекла устремлены то непосредственно на могилы, то на небеса, будто молится женщина за души родных покойничков. «Ага, тебе только молиться! — скрежетал зубами Олег Витальевич, щурясь на шевелящуюся у ее ног Карму. — Ты ж порождение зла! Недаром тебя зовут Ада...» Смирнов сам себе не нравился, сам себя пугал: что-то совсем он в последнее время стал этим... как его?.. идеалистом, вот! А ведь материя первична, только она! Какой бог, какой ад? Но все эти мысли лезли в его невыспавшуюся бедную головушку помимо его воли! «Типичный недосып! — уверял он сам себя. — И соответственно — нервы. Чертова баба довела!» Глядя из окна на высокую, худую, затянутую в черное даму, он мысленно насылал на нее самые жуткие проклятия, что, в сущности, тоже сплошная мистика и идеализм.

А Валентина Павловна вставила в дверь еще один замок.

— Для нечистой силы дверей не существует, — съязвил по этому поводу Олег Витальевич. Она обиженно взглянула на него.

— Я одна тут кукую. Да, мне страшно! Зачем вы мне добавляете?

Смирнов ее понимал. Уж насколько у него стальные нервы... Были... А тут еще и Генка... У него теперь исключительно любознательные вопросы!

— Па! — вдруг начинает он за обедом, глядя в окно. — А вот в каком виде сейчас эти трупы? Они уже совсем сгнили, оскелетились? Или там мясо еще осталось?

— Ой! — Люся роняет столовую ложку и зажимает рот руками.

— Ты что, идиот? — орет Смирнов и видит недоумевающий взгляд сына: что он такого спросил?

Нет, с этим надо кончать. Люсина пропаганда, к счастью, постепенно дает плоды: все больше пайщиков согласны раскошелиться, но надо, чтобы все... А то для согласных будет не пятьсот, а несколько больше... Ну о чем можно говорить, если даже среди самых пострадавших, са-

мых ближних к погосту, все еще есть кобенящиеся — семейка сопливых близнецов, Залётовы («Мы теперь должны на лечение сильно тратиться!»), Валентина Павловна — великая собственница («Я деньги делаю не на печатном станке! Тем более — доллары!»), да и Тузеева морщится («Не знаю, не знаю... Вот если выйдет осенью мой сборник...»).

— Тьфу! — в сердцах сплевывает Олег Витальевич. — Ну, дождетесь, она нас дожмет! Не для того затеяла, чтобы так бросить на полдороге...

И ждать пришлось недолго.

В последнюю субботу июля, дождливую и холодную, на подъездной дороге появился всем знакомый автобус. Несмотря на ненастье, народ вывалил из дач.

Дверцы автобуса открылись, и Ада с черным зонтиком, в неизменном черном наряде вылезла из машины. Потом оттуда вывалились бугаи, а следом... батюшка. В рясе, с крестом на пузе, все чин чином.

«Где же кузен?» — с интересом подумал Смирнов, стоя у забора в дождевике, нервно закуривая и провожая взглядом Карму, вышагивающую рядом с хозяйкой.

Гроб опускали в могилу, поп кадил и нудил, а Валяева вдруг уронила зонт, заломила руки и с жутким отчаянием крикнув: «Витенька!» — громко разрыдалась.

«Кузен? — Олег Витальевич закашлялся, подавившись дымом пятой по счету сигареты. — Не может быть!»

Когда все было кончено, батюшка с рабочими погрузились в автобус, а Валяева еще стояла у третьей могилы и рыдала в платочек (зонтик картинно валялся в грязи). Глубоко вздохнув, Смирнов решительно вошел в «мертвую зону», подошел к Аде, поднял зонтик и стал стряхивать с него грязь. Как он того и ждал, вокруг начала сгущаться тишина, а воздух стал обретать плотность. Смирнов подавленно заговорил:

— Я... сочувствую... Что ж это с ним?.. Какое у вас лето несчастливое... Такой молодой... — он поглядел ни металлическую табличку: «Лебедев Виктор Семенович, 1972—1995. Ты был неправ, ошибку совершил, но бог тебя простит, ведь ты его любил». Ада всхлипнула, запрокинула голову, чтобы остановить поток слез из-под очков и, прерывисто дыша, ответила:

— Бедный мальчик! У него не было денег заплатить за последний курс института. Жестокое время... Его отчислили, а он не смог перенести. Удавился...

Ну и ну! Бритоголовый амбал наложил на себя руки из-за института? И тут Смирнова как током трясануло: а не пустые ли гробы опускают в землю бугаи? Господи, как все просто! Ему даже легче задышалось: конечно, что ж она, ду-

ра, что ли, так рисковать. Если дело выгорит, она при деньгах и на коне, если же ее схватят за одно место, то быстро выяснится, что ничего и не было, так, шутка неудачная, даже не мошенничество, ведь на своей же земле! Гениально! А вся эта дурь с «мертвой тишиной» — плод его воображения! Теперь это наваждение быстренько пройдет.

Олег Витальевич восхищенно посмотрел на Валяеву. Он не сомневался в правильности своего озарения.

— Молодец, Ада Борисовна! — тихонько шепнул он ей, подавая очищенный от грязи зонт. Она с изумлением взглянула на него.

— То есть?

— Ты гений! — Олег Витальевич повернулся и пошел к себе. Он никому, конечно, не скажет о своей догадке, эта чертова баба стоит того, чтобы победить все это быдло. После третьего гроба сомневающихся уже не должно остаться совсем. А он лично крестов больше смущаться не будет. Под ними-то нет ничего! Земля! Воздух!

От радости Смирнов не слышал, каким язвительно-насмешливым карканьем проводила его Карма.

Олег Витальевич не ошибся — через два дня выяснилось, что платить согласны все. Дело в том, что в ночь после третьих «похорон» увезли по «скорой» Веру, у которой-таки начались преждевременные роды. Она вопила не то от боли, не то от пережитого страха, когда три трупа пытались вытащить из нее ребенка. Ее муж Славка с перепугу чуть тоже не стал жмуриком, его едва держали ноги. Хорошо, что «скорая» забрала и его...

На утро Залётовы обнаружили, что у Ваньки опять подергивается голова. В этой семье вообще начался жуткий раздрай. Баба Уля все время подходила к утвердительно кивающему внуку и, ласково поглаживая его по плечику, приговаривала:

— Вот, теперь ты у нас божий человек! Наша радость! Свято-божий ребенок! Это даже хорошо...

— Ульяна Степановна, вы что? — со слезами орала Елена Юрьевна. — Что ж вы несете-то!?

Баба Уля испуганно прижимала сухонькие ручки к груди:

— А что? Ну, как же, как же?

Танька начинала громко ржать и тыкать брата пальчиком:

— Ой, умора! Божий святой Ванька! Божья коровка! Улетишь на небо? Принесешь нам хлеба?

Ее юмор прерывался увесистым подзатыльником от папы Сергея Федотовича, а также его же гневной тирадой по поводу бессердечной дочери. И вот уже одновременно звучат виноватые причитания бабы Ули, всхлипывания Елены Юрьевны, обиженный ор Таньки и гневный рык

Сергея Федотовича. Так они теперь и жили... А меленький Ванька сидит себе и соглашается, соглашается со всеми: и с бабулей, и с родителями, и даже с сестрой... Такой бедненький, кроткий, свят, свят... Ох, прости, господи!

Приехавшие к Валентине Павловне погостить на недельку дочь с мужем тут же съехали, не прожив и двух дней.

— Вы что, не чувствуете? От этих могил смердит, смердит! — орала уже на выходе дочь так, что слышно было на всех ближайших дачах.

— Да нет же никакого трупного запаха! — ничуть не тише отвечала ей мать.

— А я и не говорю о запахе! — вопила дочь. — Смердение — куда более широкое понятие! Ты, как всегда, ничего не понимаешь, мама!

Зато Смирнов понимал, что имеет в виду эта горластая бухгалтерша-младшая. В том смысле, что он знал, как вся эта хрень может воздействовать на психику, ежели не ведать правды, разумеется. Хотя, надо сказать, ему самому от этой правды не особенно легче стало: до сих пор при взгляде на кресты у него сводит желудок... Наверно, мало времени еще прошло...

Но главное — народ созрел, дорос и осознал. В среду вечером Смирнов с Валентиной Павловной пошли по дачам товарищества «Дружное» собирать деньги.

А в пятницу утром Олег Витальевич встречался в Москве с Адой Борисовной Беляевой.

Она назначила ему встречу в некоем офисе. Офис оказался в очень престижном московском районе, в доме, что на рынке недвижимости ценится исключительно высоко — каменная, дореволюционная постройка, естественно, с ультрасовременным ремонтом. Комната вся в теплых тонах, кондиционер и обилие ксерофаксов — этих бронтозавров наших дней. Смирнов оказался с Валяевой в этой комнате в сопровождении двух бритозатылочных крепких юношей. Она же вела себя здесь как хозяйка.

Впрочем, и Карма тоже явно чувствовала себя здесь хозяйкой. Она неторопливо разгуливала по столу, аккуратно обходя стоящие и лежащие на нем предметы, иногда что-то там трогая клювом. «Нагадит же! — изумился Смирнов. — На бумаги нужные или еще на что. Как это Ада ей позволяет?» Стоило ему только подумать об этом, как Карма резко повернула к нему голову и злобно уставилась прямо в глаза Олегу Витальевичу. Она напряглась и замерла.

— Ну-ну, девочка, что такое? — ласково спросила склонившись к ней Валяева и легонько провела длинными своими пальцами по блестящим перьям вороны. Та тут же расслабилась и снова важно зашагала по столу.

-Ну, — улыбнулась Ада, доставая из длинной пачки дамскую «Мальборину», — как я понимаю, наши дела в порядке?

Олег Витальевич видел себя дважды отраженным в ее очках. Отражения нежно прижимали к груди кейс и изображали на лицах совершенно одинаковые искательно-угодливые улыбки.

Смирнов похлопал рукой по кейсу и ответил:

— Как будто.

— Однако, — Валяева красиво расселась в вертящемся кресле, закинув одну красивую ногу на другую красивую ногу, и выпустила красивое дымовое колечко. — Ходить с такой суммой одному — безумие.

— Не большее, чем вся ваша затея, — улыбнулся Олег Витальевич.

— То есть? — Ада подняла тонкие бровки. Ах, как хороша она была без своего траура, в коротенькой кожаной юбке, яркой алой блузке, с рассыпавшимися по плечам золотыми кудрями! Даже без глаз хороша! А и к чему глаза при таких ногах?

— То самое, — промурлыкал Смирнов, — я ж не идиот, в отличие от своих... соседей. Где кузен Витек, Ада Борисовна? Разве он не здесь, не с вами работает? — постепенно улыбка сползала с его лица, ибо вид у Ады из мирного стал горгонистым. Она наклонилась вперед, ее рот оскалился, брови съехались к переносице.

— Я напомню вам, — заговорила она зловещим шепотом, — что мой бедный брат мертв. Он трагически погиб. А ты все-таки идиот, Смирнов. Я ведь тебе говорила, что у меня нет работы. Я — безработная, жертва новых экономических отношений в обществе, а ты — козел! — казалось, она сейчас кинет в него чем-нибудь тяжелым. Смирнов втянул голову в плечи.

— Да, конечно... Но... этот офис... — пробормотал он.

— Что — офис? — прошипела Ада.

— Н-ничего...

— Вот именно! — Она опять откинулась на спинку кресла. Постепенно ее лицо расслабилось, она со вкусом затягивалась сигаретой и молчала. Ее лбы не издавали ни звука, стояли безучастные, как телеграфные столбы, глухие и немые. Прошла целая вечность, в течение которой были слышны лишь легонько постукивающие коготки вышагивающей Кармы. Олег Витальевич не выдержал и, смущенно откашлявшись, робко спросил:

— Может, мы уладим, наконец, наше дело?

— Может... — откликнулась Ада.

— Скажите... э-э... в какой срок вы... э-э... перезахороните ваших близких?

— В короткий, — сразу ответила она. — Если вы купите у меня участок за тридцать тысяч долларов.

— Разумеется. Как договаривались. Ровно тридцать, — заторопился Смирнов.

— А кому я продаю землю? — поинтересовалась Валяева.

— Мы тут составили договор, — засуетился Олег Витальевич. — Вы продаете землю товариществу под огороды. Да какая вам разница-то?

— Абсолютно никакой, — отрезала Ада. — Давайте баксы. У меня тут детектор валюты... Давайте, доставайте! Я проверю...

Смирнов щелкнул замками кейса и стал вытаскивать неровные пачки купюр. Здесь были и стольники, и десятки, мятые, старые, совсем новенькие. Ада натренированным движением быстро засовывала их по очереди в машинку, потом откидывала: сотни — направо, полусотенные — влево, десятки — вверх... Процесс пошел.

Карма клювом и правой лапой придвигала к Аде откинутые слишком сильно в сторону бумажки — помогала, в общем.

— Вы нас не подведете? — тихонько спросил Смирнов, с уважением глядя на валяевскую деятельность. Он чувствовал себя как когда-то «на ковре» у первого секретаря — тот же трепет, почтение и слабость в ногах.

— Я еще никогда никого не подводила, — процедила Ада, не прекращая работы. — Подводили только меня.

Олег Витальевич понимающе и сочувственно закивал головой.

...По окончании работы Ада улыбнулась ему своей белозубой улыбкой. Смирнов не выдержал и все-таки сказал то, что мечтал небрежно этак бросить еще в самом начале встречи, но что не получилось:

— Конечно, вы понимаете, Ада Борисовна, что мы просто очень мирные люди, а могли бы добиться своего и другим путем...

— Брось, Смирнов, — спокойно отвечала Валяева. — У вас не было выбора.

— Мы могли перекупить у тебя ментов! — запальчиво воскликнул Олег Витальевич. — И нам бы это дешевле встало!

— Ну, что ж вы этого не сделали? — усмехнулась Ада. — Не надувай щеки! Все учтено могучим ураганом! Вы прекрасно знали, что взятку от «коллектива» ни один нормальный человек брать не будет. Даже если ваша сумма на ноль круглее. Слишком рискованно. Это же дело-то междусобойное, интимное, касается только двоих.

— Но администрация...

— ...которая не хочет иметь с вами дела! — подхватила Валяева. — Родной, что ж ты меня так низко ценишь! Ваши личные неурядицы с Головой плюс «газовый» анархизм коллектива...

— Это ты стукнула! — ахнул Смирнов.

— Вот еще! Я всего лишь выяснила ситуацию, а стукнул кто-то из ваших же. К примеру, у кого денег на это дело не наскреблось. А завидно, а обидно! Тоже можно понять.

«Кто ж у нас без газовых примочек остался? Да человек двадцать, наверное... Подонки, скоты грязные, неблагодарные!» — мелькнуло в голове Олега Витальевича.

— Вот-вот, подумай, погадай! Позлись! — посоветовала Ада. — Я, милый мой, — наименьшее зло в вашей дачной, приватизированной жизни. От меня вы навсегда избавились. Я — те самые цветочки эпохи «собственников», ягодки вырастут попозже. Желаю удачи, Смирнов! В воскресенье уже сможете сажать свою любимую картошку на моих сотках. На кладбищенской земле, говорят, хорошо родится! — и, запрокинув голову, она радостно расхохоталась.

Гробы зыбрасывали в кузов обычного зиловского грузовика, Туда же покидали металлические кресты и оградку. Работали те же бугаи. Они остались с грузом в кузове, а Ада Борисовна, которая была в джинсах и рубашке в этот день, уселась рядом с водителем. Когда ЗИЛ отчалил, притихшие и затаившиеся на время дачники радостно вывалили из домов и собрались на месте бывшего погоста. У людей были радостные, просветленные лица, все оживленно переговаривались, кто-то тихонько напевал «Моск-

ву майскую», Вика Тузеева плакала от счастья, молодой отец Славка потихонечку крестился, поглядывая на черные ямы, а баба Уля громко причитала:

— Я ж говорила: неглыбоко копають! Глядите: разве ж это могилы? То ж клумбы!

Валентина Павловна зорко следила за тем, чтоб никто, не дай боже, слишком сильно не ткнулся в ее забор. Если же кто-то опирался спиной или рукой на ее бесценные деревяшки, то раздавался грозный окрик:

— Эй-эй! Не на диване!

А так вообще-то у бухгалтерши тоже было светлое настроение. Потому как все это народное гулянье напомнило ей доброй памяти первомайские и ноябрьские демонстрации... Вот так же шумно, гамно, много людей, все счастливы... И Мавзолей...

Лишь Люся Смирнова была немного печальна. Теперь уже окончательно рухнула ее мечта о большом участке в двенадцать соток. Увы, увы! Здесь будет совместный огород!

— Глупо! — говорила женщина с малышом на руках. — Лучше сделать здесь детскую площадку! Как раз в центре всего «Дружного». Качели там всякие, горки...

— Здорово, здорово! — зашелестело кругом.

— Да вы что! — вскрикнула побледневшая Вика Тузеева. — Детская площадка — на месте могил?

Все притихли, растерявшись и испугавшись... «Как же она здорово их всех надула!» — опять восхитился Смирнов, чувствуя себя мудрым и главным в этом царстве кретинов. По крайней мере, ему есть за что себя уважать. Он знает истину. Возможно, он мог бы испортить этой чертовой Аде всю ее затею, объяснив этим ослам подноготную, и они бы совершенно бесплатно вышвырнули бы эти пустые ящики отсюда... Но эта храбрая мысль только теперь пришла ему в голову, теперь, когда стало так легко и свободно, как бывает исключительно после зубной боли. А до того... Какое там «выкинуть гробы», елки-палки! Да он в самые последние дни не то что подходить, смотреть в сторону крестов не решался! Совершенно не спасло его знание истины, давил на него этот погост, ох, давил! Кошмары не прекращались, воспоминание о «мертвой зоне» за оградкой заставляло стискивать челюсти, дабы не застонать от стыдного, абсолютно детского страха, которым даже не с кем поделиться, а надобно скрывать, скрывать! Скрывать хотя бы потому, что сейчас все эти болваны радуются, как дети, им теперь хорошо и легко, и они никогда сроду не увидят, что и он, Олег Витальевич Смирнов, такой же и испытывает те же чувства. Ни-ког-да! Потому что он — не они, и никогда таким не будет, не дождетесь! Он все понял, и ему в кайф, что эти жалкие лю-

дишки так наказаны. Наказаны и материально, и страхом, и нынешним торжеством его ума над их тупостью.

Угонов и его супруга ждали гостей. Чтобы с родными и близкими отметить приобретение японского телевизора и видака, а также «сименсовского» пылесоса и кухонного комбайна. Все это они купили вчера, в субботу, сразу после того, как в пятницу Угонов получил «премию».

Они сидели за богато накрытым столом. До прихода гостей есть полчаса. Глаза жены сияют.

— Я люблю тебя! — шепчет она, нежно кладя голову ему на плечо. Старлей счастлив. Он чувствует себя настоящим мужчиной, добытчиком и хозяином. По утрам Угонов стал делать зарядку с гантелями, мускулы качать. И вообще: у него появились в жизни планы — как жить дальше, чего еще надо купить в дом, себе, жене. Собаку надо завести, например ротвейлера. Чтоб теперь их небедный дом охранял. Словом, благодаря этой Валяевой он открыл для себя такие бездонные внутренние резервы своего существования, о которых раньше и не думал даже. Конечно, он и прежде брал. Но это все была такая мелочь пустяковая, чтоб курить хорошие сигареты без ущерба для семейного бюджета. Как набат в его жизни прозвучали слова Валяевой: «Власть тут — вы!» У него глаза так и открылись. Он — власть, сила, хозяин!

И еще — дурень, что раньше сам до этого не дотумкал. Но лучше поздно, чем никогда. Все же судьба справедлива к нему — жена идеальная, а теперь еще и деньги завелись! И все это без дерганий, без смены жен, работ... В связи с происходящими реформами-приватизациями надо быть круглым идиотом, чтобы не сделать своего бизнеса, будучи властью в их богом забытом райончике... Угонов покровительственно кладет руку на хрупкие плечи жены и мужественным голосом говорит:

— Я так полагаю, что все это — абсолютно нормальная вещь. Разве я не обязан создавать условия? Обязан, на то я и мужик. И буду впредь работать во имя такой жизни.

— Ах! — Она была счастлива, эта жена Угонова. Она ощущала себя самой любимой, желанной и избранной.

ЗИЛ катился в сторону Москвы. Ада Валяева подпрыгивала на неудобном сиденье, болезненно морщась на каждой колдобине, и заботливо придерживала сидящую у нее на руках Карму.

— Чертовы дороги! — сквозь зубы ворчала она. — Когда ж это кончится? — Шофер молчал. На его потной лысине посверкивали солнечные блики.

— Вы самое лучшее звено во всем этом деле, — вежливо сказала Ада. — Вы на редкость исполнительны и, самое главное, нелюбопытны и молчаливы, Ни одного вопроса за три месяца!

Шофер молчал.

— Спасибо вам. Я уже платила за автобусные ходки, но сейчас я заплачу вам не только за сегодня... — Она достала из кармана джинсов мужское портмоне и извлекла оттуда купюры. — Здесь вдвое больше того, что я вам обещала.

Лысый, не глядя, взял у нее деньги и небрежно сунул их в карман рубашки. Ада засмеялась.

— Вы гениальны, ей-богу! Мы едем на свалку?

Шофер едва заметно утвердительно мотнул головой.

То была большая загородная свалка на пустыре, занимавшая километра полтора квадратных. В высоту она была пока что не очень велика — всего лишь в человеческий рост. С одной стороны, пустырь закрывался лесом, с другой, — проходило шоссе, за которым начинался новостроечный окраинный район, считавшийся, разумеется, московским. Он состоял из двадцатидвухэтажных блочных домов, утопавших пока что в строительном мусоре и грязи.

Бугаи скинули деревянные ящики-гробы сбоку от горы битых унитазов и закурили. Ада стояла чуть поодаль и, держа изящными пальцами тонкую дымящуюся сигарету, задумчиво смотрела на новостройки. Карма была рядом с ней и глядела в ту же сторону.

— Когда, интересно, их будут заселять? — негромко спросила Ада, ни к кому конкретно не обращаясь.

— Не раньше Нового года, — ответил красномордый лидер троицы. — У меня деверь тут жить будет.

— А... Ну, тогда все о'кей, — произнесла Ада.

— Чего о'кей? — не понял красномордый.

— Ничего. Так, — Карма вдруг вспорхнула на плечо к Валяевой, которая, подойдя к рабочим, открыла портмоне.

— Работа закончена, всем спасибо, — и каждому дала денег.

Бугаи дружно мотнули головами, таким образом выражая свою благодарность.

— Поехали! — приказала Ада и направилась к машине.

— Э! А куда Витек, в натуре, делся? — крикнул ей вслед лидер. — У нас с ним был один договорчик... А он уже недели две как в воду канул.

— Кра! — вскрикнула ворона, вскинув крылья, чтобы удержать равновесие, так как Валяева резко повернулась к рабочим и быстрым движением сняла очки. У нее были огромные, прекрасные, голубые глаза, чуть растерянные и беспомощные от явной близорукости. Такие глаза еще называют невинными... Она ими поморгала, как бы привыкая к свету, провела пальцами под нижними веками, слегка помассировав кожу, потом, оттопырив нижнюю губку, подула себе вверх на лицо. Просто женщина устала от очков и «проветривала» глазки. Ада достала из кармана белоснежный носовой платочек и ста-

ла протирать стекла очков. Одновременно с этим она заговорила:

— Все ваши договорчики с Витьком закончены. Я думаю, что больше мы не увидимся, Витька не ищите, все равно не найдете. А вот здоровье на этом деле подорвать можно. Я ясно выражаюсь? — Она говорила твердо, но тихо и спокойно, так спокойно, что у каждого мужика по спине что-то поползло.

— Все понял, на фиг, ясно, — забормотал лидер.

— Ну и отлично. Поехали! Или вы предпочитаете здесь остаться? — Ада водрузила очки обратно на нос и, поцеловав Карму в клюв, забралась в машину.

ЗИЛ развернулся и, вырулив на шоссе, заторопился в сторону города-героя Москвы.

Три деревянных ящика небрежно валялись возле унитазов. Но вскоре на них обратили внимание местные божьи твари. К гробам стали подтягиваться крысы, бездомные собаки, другие помоечные жители... И вот уже на одну из трех крышек уселась первая ворона. Ее многочисленные товарки планировали все ниже, радостно каркая.

— Кра! — отметилась первая ворона.

Карма? Нет-нет, это не может быть Карма. Карма уехала в ЗИЛе. Да ну, право, все вороны одинаковы! Во всяком случае, очень похожи. Вон их сколько уже слетелось...

Предстояла трапеза. Собиралось общество.

Никита закончил рассказ, и повисла тишина. Жаркая июльская тишина, не прерываемая никакими звуками. Даже птицы не чирикали. Насекомые не жужжали. Жара разморила всех.

— А что же это Глашенька чаю нам не несет? — встрепенулся Никита. — Сейчас кликну ее...

— Не надо! — строго приказал своим профессионально-командным голосом гость, зыркнув на хозяина глазками-буравчиками. — Не надо. И так жарко. Да еще ты тут нарассказывал. То ли смеяться, то ли плакать.

— А что? Произвело? — засмеялся хозяин усадьбы. — История, по-моему, увлекательная. Для кино, правда?

— Для кино, — кивнул Владимир и тут же с грустью предположил, что Никита начнет клянчить деньги именно на это кино. — Ну, а конец-то какой у истории? Что тебе сказала эта Ада по поводу... ну, гробов? Как было на самом-то деле?

Никита с недоумением посмотрел на дорогого гостя.

— Ну, что тебе сказать? — покачал он головой. — Ада — деловой человек, лишних разговоров не любит.

— Но вы же были добрыми знакомыми...

— Она не путала синее с мягким! Знакомство — это одно, бизнес — совсем другое. Не мне тебе объяснять...

— А я хочу понять, — вдруг заупрямился Владимир. — Я должен разобраться...

— Володя, — проникновенно произнес Никита, встал и, подойдя к другу, положил руку ему на плечо. — Пойдем лучше купаться, а? Жарко все-таки, сил уже никаких нет. Давай окунемся, дружище! — и, сбросив легкий шелковый халат и оставшись в плавках, Никита побежал к бассейну с воплем: — За мной, Владимирыч! Россия, вперед!

Гость вздохнул, покачал головой, встал, тоже скинул свой японский борцовский халат, обнажив крепкое спортивное тело, и двинулся следом за другом. Тем временем Никита с криком «ура!» уже нырнул в бассейн, вынырнул и, отфыркиваясь, крикнул:

— Володя! Ты знаешь, что было на месте этого бассейна? Именно тот участок! Адин!

Гость, который уже ногой пробовал воду, отпрянул как ужаленный.

— Ты что? Правда?

Никита, быстро скумекав, что совершил ошибку, радостно заржал.

— Шутка, дружище! Да шутка же! Ты чё? Я его пугаю, а ему не страшно!

— Креста на тебе нет! Дурные шутки...

Никита посерьезнел, перестал улыбаться и строго посмотрел на гостя:

— А вот это ты зря, Володя. Крест всегда на мне, — и он нежно взял в руку висящий на цепоч-

ке крестик, поднял его к губам и поцеловал. — Мы с тобой люди православные. Бог с нами всегда, — и Никита прямо в воде, голый и мокрый, осенил себя крестным знамением. Владимир, увидев это, тоже перекрестился, поглядев куда-то в небо. Потом все-таки решился и красиво нырнул в голубое прохладное нутро бассейна.

Некоторое время мужчины плавали то кролем, то брассом, то баттерфляем, фыркали, крякали, плескались, в общем, получали удовольствие. Когда, наконец, они притомились, то присели на мелкоте, там, где вода была им до плеч. Из бассейна не хотелось вылезать, здесь телу было приятно, прохладно. «Животворно», — как отметил про себя Никита. Мужчины тяжело дышали (все-таки далеко не мальчики уже), но все же регулярные тренировки сделали свое дело: дыхание быстро восстановилось.

Помолчали немного, потом Никита заговорил. Проникновенно и глубокомысленно:

— Я все время думаю... Жуткие это были годы — девяностые. Россия буквально разваливалась. Люди потеряли все: сбережения, социальные гарантии, уверенность в завтрашнем дне... Но самое главное, Володя, они потеряли ве-ру, — слово «вера» Никита произнес именно так, по слогам, чтобы подчеркнуть сакральное его значение, его суть, смысл и наполнение. — Веру, которая всегда была с ними, поддерживала их, служила путеводной звездой...

— Никита, — поморщился Владимир. — Ну, какая такая вера после семидесяти лет Советской власти, ну что ты несешь...

— Володя, ты не прав! Ты не прав! — осмелев, начал горячиться хозяин — Никогда прежде наш православный народ от Бога не отступал, даже в самые мрачные годы! К примеру, в войну... Нет, в 90-е это случилось впервые.

— А я думаю, как раз в последние годы люди потянулись в церкви, начали возвращаться к религии, — гость чуть прищурился, глядя на водную гладь бассейна — отражение солнца сильно било по глазам, но он не отворачивался. «Интересно, — размышлял Владимир, — лучи, отражаясь от мокрой лысины, образуют нимб? И виден ли он со стороны?»

— Нет, в душе русского человека Бог оставался всегда, — прервал размышления гостя Никита. — Я это точно знаю, всегда это чувствовал, понимал. И тебе помогу разобраться, конечно! Нам предстоит долгий путь к храму, мы пройдем его вместе...

Из-за бьющего по глазам солнца Никита не видел, как гость полоснул по нему глазами, какая насмешливая улыбка тронула его тонкие губы. На его лице читалось: «Ты мне поможешь? Ну-ну».

«Все-таки эти творческие люди, даже умные, бывают потрясающе глупы, — сделал для себя вывод Владимир и вспомнил, как в одном

фильме Никита самозабвенно изображал из себя императора всея Руси. — Размечтался, ...удак!»

— Кликну Глашу. Пойдем чаевничать, — гость наблюдал, как ...удак встал, довольно бодро подтянулся на руках, вылезая из бассейна, и босой зашагал к веранде по изумрудно зеленой траве, которая, наверно, должна ласкать барские ступни.

Через минуту Владимир, не торопясь, последовал за хозяином, вновь задумавшись об услышанной истории.

«Как, однако, интересно живут эти простые люди! Вообще непонятно, как они живут... На что живут? А главное — зачем? Серые массы, глупые массы, массы людишек, не имеющих ни мозгов, ни талантов, ни денег — ни-че-го! Крадут, так на копейку, и ни за грош идут в тюрьму. Хех, 90-е по ним ударили, боже ж мой! Кто по ним ударил-то? Инопланетяне? Бабки-ежки в ступах налетели и метлами их отмутузили? Сами себе всё и устроили, а валят на кого угодно, на власти... Власть им не угодила! А сами сидят и ждут подачек, а мы ишачь на них и за них...»

— Кррраааа! — раздалось у него за спиной. Владимир вздрогнул и резко обернулся: на краю бассейна сидела большая ворона и внимательно смотрела ему прямо в глаза.

— Карма! — непроизвольно вырвалось у мужчины. — Ты?

«Может ли это быть она? Сколько живут вороны? Вроде бы долго-долгонько... Зачем она здесь? Никитка сказал, что тут был тот самый участок! — пронеслась в голове Владимира неприятная мысль. — Значит... она тут не просто так... Но он же сказал, что пошутил. Ах, сукин сын! Значит, не пошутил! Что ей нужно? Зачем она здесь? Дурное предзнаменование?»

Гость почувствовал, что у него засосало под ложечкой: как раз скоро предстоят такие важные события. Они определят очень многое на ближайшие аж двенадцать лет... А может, и больше... «Ух ты, зараза воронья!»

— Володя! — услышал он окрик друга. — Ты где? Глаша чай несет!

— Брррр! — гость зажмурился и сильно тряхнул головой так, как всегда делала его любимая собака, если он в шутку брызгал в нее водой. Такая у них была игра: он брызнет ей в морду, а она башкой тряхнет — «брррр» — и будто сердится, а сама хвостищем виляет, довольная.

Когда Владимир открыл глаза, никакой вороны уже не было. За секунду исчезла, нечисть! Может, вообще показалось, вон как солнце шпарит, перегрелся, наверно...

— Э-эх! — махнул он рукой и двинулся к веранде, где его друг, уже снова в халате, вальяжно раскинулся в кресле и блаженно улыбался, глядя на приближающегося гостя.

— Хорошо, Володя! Нет, правда же — хорошо у нас в России! Покой. Красота какая! Люблю я эту землю, друг ты мой любезный! Люблю, как мать родную. Жизнь за нее отдам, — голос хозяина изменился, улыбку на лице сменила серьезная мина, даже суровость, слегка смягченная увлажненными глазами. — Нет у нас с тобой иного предназначения, чем отчизне служить.

— Кра, кра, кра! Кра, кра, краааааа! — вороний крик в этот момент прозвучал настоящим дьявольским хохотом.

Владимир вздрогнул, но не стал оборачиваться. Никита заметил, что друг слегка побледнел и сильно сжал свои и без того тонкие губы в явном волнении.

— Володюшка! Что такое? Нехорошо тебе? Садись, дорогой! Чаю выпьешь?

Глубоко вздохнув, гость хрипловато ответил:

— Водки... Вели водки подать!

СОДЕРЖАНИЕ

Литературно-художественное издание

Шпиллер Катерина

Я боюсь
Дневник моего страха

Ведущий редактор *М.П. Николаева*
Корректор *И.Н. Мокина*
Технический редактор *Е.П. Кудиярова*
Компьютерная верстка *Ю.Б. Анищенко*

Подписано в печать 07.11.11.
Формат $84\times108^{1}/_{32}$. Усл. печ. л. 16,80.
Тираж 5000 экз. Заказ № 2190.

Общероссийский классификатор продукции
ОК-005-93, том 2; 953000 — книги, брошюры

ООО «Издательство Астрель»
129085, г. Москва, проезд Ольминского, д. 3а

Выпущено при технической поддержке
ООО «Издательство АСТ»

Электронный адрес:
www.ast.ru
E-mail: astpub@aha.ru

Отпечатано в соответствии с качеством
предоставленных диапозитивов
в ОАО «Издательско-полиграфическое предприятие «Правда Севера».
163002, г. Архангельск, пр. Новгородский, 32.
Тел./факс (8182) 64-14-54, тел.: (8182) 65-37-65, 65-38-78, 29-20-81
www.ippps.ru, e-mail: zakaz@ippps.ru